中华文化风采录

浩瀚经典宝库

# 精粹的文献

胡元斌 编著

北方妇女儿童出版社
·长春·

版权所有　侵权必究

图书在版编目(CIP)数据

精粹的文献 / 胡元斌编著. —长春：北方妇女儿童出版社，2017.4（2022.8重印）
（浩瀚经典宝库）
ISBN 978-7-5585-0927-8

Ⅰ. ①精… Ⅱ. ①胡… Ⅲ. ①古籍－介绍－中国 Ⅳ. ①Z835

中国版本图书馆CIP数据核字(2017)第055087号

精粹的文献

JINGCUI DE WENXIAN

| | |
|---|---|
| 出 版 人 | 师晓晖 |
| 责任编辑 | 吴　桐 |
| 开　　本 | 700mm×1000mm　1/16 |
| 印　　张 | 6 |
| 字　　数 | 85千字 |
| 版　　次 | 2017年4月第1版 |
| 印　　次 | 2022年8月第3次印刷 |
| 印　　刷 | 永清县晔盛亚胶印有限公司 |
| 出　　版 | 北方妇女儿童出版社 |
| 发　　行 | 北方妇女儿童出版社 |
| 地　　址 | 长春市福祉大路5788号 |
| 电　　话 | 总编办：0431-81629600 |
| 定　　价 | 36.00元 |

# 序言

习近平总书记说:"提高国家文化软实力,要努力展示中华文化独特魅力。在5000多年文明发展进程中,中华民族创造了博大精深的灿烂文化,要使中华民族最基本的文化基因与当代文化相适应、与现代社会相协调,以人们喜闻乐见、具有广泛参与性的方式推广开来,把跨越时空、超越国度、富有永恒魅力、具有当代价值的文化精神弘扬起来,把继承传统优秀文化又弘扬时代精神、立足本国又面向世界的当代中国文化创新成果传播出去。"

为此,党和政府十分重视优秀的先进的文化建设,特别是随着经济的腾飞,提出了中华文化伟大复兴的号召。当然,要实现中华文化伟大复兴,首先要站在传统文化前沿,薪火相传,一脉相承,弘扬和发展5000多年来优秀的、光明的、先进的、科学的、文明的和自豪的文化,融合古今中外一切文化精华,构建具有中国特色的现代民族文化,向世界和未来展示中华民族具有独特魅力的文化风采。

中华文化就是中华民族及其祖先所创造的、为中华民族世世代代所继承发展的、具有鲜明民族特色而内涵博大精深的优良传统文化,历史十分悠久,流传非常广泛,在世界上拥有巨大的影响力,是世界上唯一绵延不绝而从没中断的古老文化,并始终充满了生机与活力。

浩浩历史长河,熊熊文明薪火,中华文化源远流长,滚滚黄河、滔滔长江是最直接的源头,这两大文化浪涛经过千百年冲刷洗礼和不断交流、融合以及沉淀,最终形成了求同存异、兼收并蓄的辉煌灿烂的中华文明。

中华文化曾是东方文化的摇篮,也是推动整个世界始终发展的动力。早在500年前,中华文化催生了欧洲文艺复兴运动和地理大发现。在200年前,中华文化推动了欧洲启蒙运动和现代思想。中国四大发明先后传到西方,对于促进西方工业社会形成和发展曾起到了重要作用。中国文化最具博大性和包容性,所以世界各国都已经掀起中国文化热。

中华文化的力量,已经深深熔铸到我们的生命力、创造力和凝聚力中,是我们民族的基因。中华民族的精神,也已深深根植于绵延数千年的优秀文

## 序言

化传统之中，是我们的精神家园。但是，当我们为中华文化而自豪时，也要正视其在近代衰微的历史。相对于5000年的灿烂文化来说，这仅仅是短暂的低潮，是喷薄前的力量积聚。

中国文化博大精深，是中华各族人民5000多年来创造、传承下来的物质文明和精神文明的总和，其内容包罗万象，浩若星汉，具有很强的文化纵深感，蕴含丰富的宝藏。传承和弘扬优秀民族文化传统，保护民族文化遗产，已经受到社会各界重视。这不但对中华民族复兴大业具有深远意义，而且对人类文化多样性保护也有重要贡献。

特别是我国经过伟大的改革开放，已经开始崛起与复兴。但文化是立国之根，大国崛起最终体现在文化的繁荣发展上。特别是当今我国走大国和平崛起之路的过程，必然也是我国文化实现伟大复兴的过程。随着中国文化的软实力增强，能够有力加快我们融入世界的步伐，推动我们为人类进步做出更大贡献。

为此，在有关部门和专家指导下，我们搜集、整理了大量古今资料和最新研究成果，特别编撰了本套图书。主要包括传统建筑艺术、千秋圣殿奇观、历来古景风采、古老历史遗产、昔日瑰宝工艺、绝美自然风景、丰富民俗文化、美好生活品质、国粹书画魅力、浩瀚经典宝库等，充分显示了中华民族厚重的文化底蕴和强大的民族凝聚力，具有极强的系统性、广博性和规模性。

本套图书全景展现，包罗万象；故事讲述，语言通俗；图文并茂，形象直观；古风古雅，格调温馨，具有很强的可读性、欣赏性和知识性，能够让广大读者全面触摸和感受中国文化的内涵与魅力，增强民族自尊心和文化自豪感，并能很好地继承和弘扬中国文化，创造未来中国特色的先进民族文化，引领中华民族走向伟大复兴，在未来世界的舞台上，在中华复兴的绚丽之梦里，展现出龙飞凤舞的独特魅力。

# 目录

## 经典文库——文献集成

提纲挈领的图书目录文献　002
考证细致的历代注释文献　009
卷帙浩繁的历代丛书文献　015

## 文明薪火——科技专著

030　关注健康的历代医学著作
051　开创文明的天文历法专著
062　物为我用的工艺科技著作

目 录

## 娱乐大观——文娱博雅

精辟深邃的古代书画专著　070

寓情于生的茶酒文化专著　081

文献是用文字、图形、符号等技术手段记录人类知识的一种载体，或理解为固化在一定物质载体上的知识，也可以理解为古今一切社会史料的总称。

我国文化源远流长，历代产生的典籍难以计数，这些典籍如不分类次，则既不便于保存、流传和传递，又不利于继承和使用，故历代王朝都十分重视对图书进行收集、整理、编目和典藏等。

这些文献包括图书目录文献、历代类书文献、历代注疏文献和历代丛书文献等，对于保存和传播中华文化具有重大的价值。

经典文库

# 文献集成

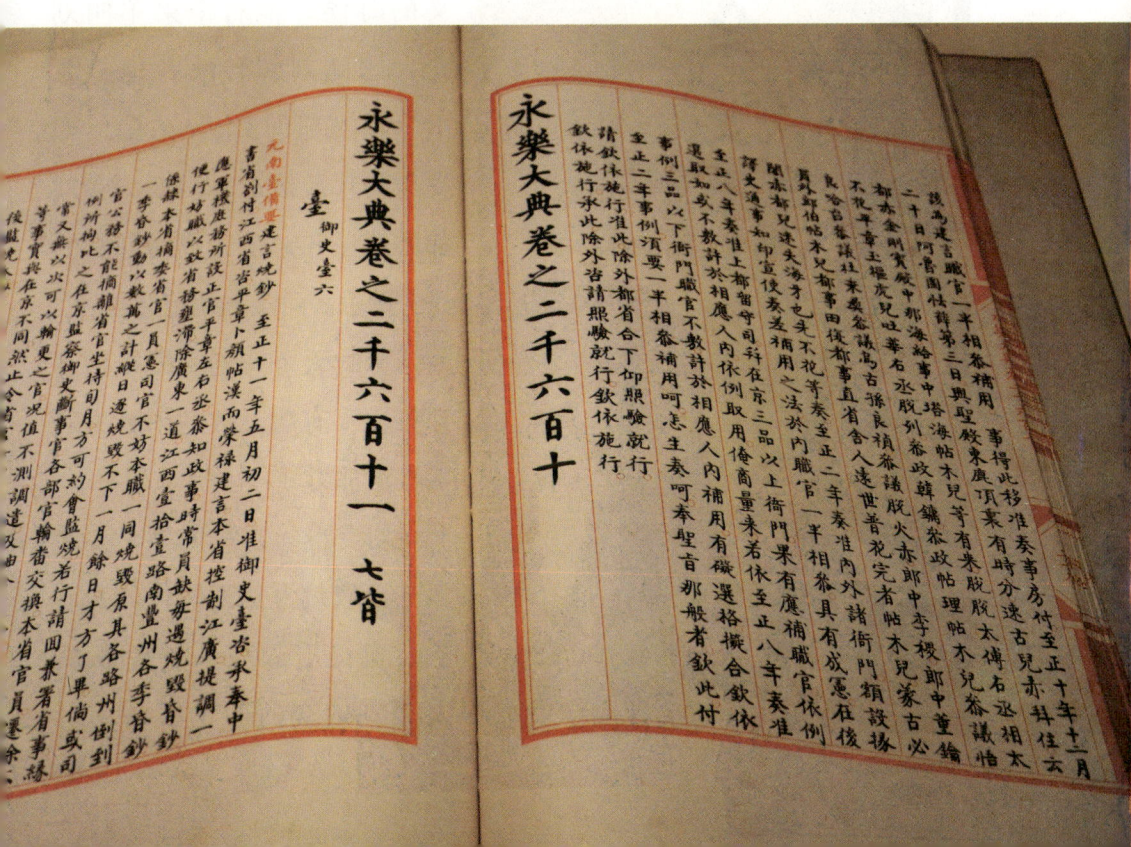

# 提纲挈领的图书目录文献

精粹的文献

汉高祖刘邦

秦代末年，刘邦在沛县起义的时候，他有个弟弟叫刘交，跟随刘邦转战各地打天下。在刘邦的3个兄弟中，刘交与刘邦最接近，因而深受刘邦的信任和宠爱，成为刘邦的得力助手。西汉王朝定鼎之后，刘邦分封天下。刘交因跟随刘邦打天下有功，被刘邦封为楚王，定都彭城。

刘交自幼喜欢读书，多才多艺，被封为楚王后，刘交遂从长安徙居彭城，开始息武兴文。刘交的四世孙刘向，自幼聪明好学，年仅12岁时便任专为皇帝引御车的辇郎，在家学的熏陶下，刘向年纪轻轻便精通儒家和道家之学，又写得一手好文章，20岁时就官任谏议大夫。

在当时，古代文献的载体主要是竹简与布帛，而图书的流传则主要靠手抄传写，所以同一种书便会因传抄者而有所不同，而且简帛容易烂折，编绳容易断乱。

■刘交画像

汉成帝即位后，鉴于秘府之书颇有散亡，便派了很多学者到民间收集散落的书籍。为了收集、整理这些书籍，汉成帝便诏令当时身为光禄大夫的刘向，在皇家图书馆天禄阁领导校勘、整理采访来的书籍。

由于收集来的书籍太多，在整理时，汉成帝命刘向负责校经传、诸子和诗赋；命步兵校尉任宏校兵书；命太史令尹咸校术数；命侍医李柱国校方技。

他们费时19年，终于把数十年间堆积如山的宫廷藏书全部重新整理了一遍。在圆满地完成了图书整理编目工作后，刘向把撰写的这些叙录汇编成当时国家藏书总目《别录》，以便于皇帝查找阅读。

《别录》是我国第一部解题式书目，共20卷，记录了上古至西汉的文化典籍，为古代文化史之精华，对后世目录学、分类学有着极其深远的影响。

刘向的儿子刘歆，很小的时候就开始读书，少年时代的他已精通《诗经》《尚书》等当时被认为是最

**刘歆** 字子骏，汉高祖刘邦四弟楚元王刘交五世孙，宗正刘向之子，是中国儒学史上的一个重要人物。公元前6年改名为刘秀。西汉后期的著名学者，古文经学的真正开创者。在校勘学、天文历法学、史学、诗等方面都堪称大家，他编制的《三统历谱》被认为是世界上最早的天文年历的雏形。

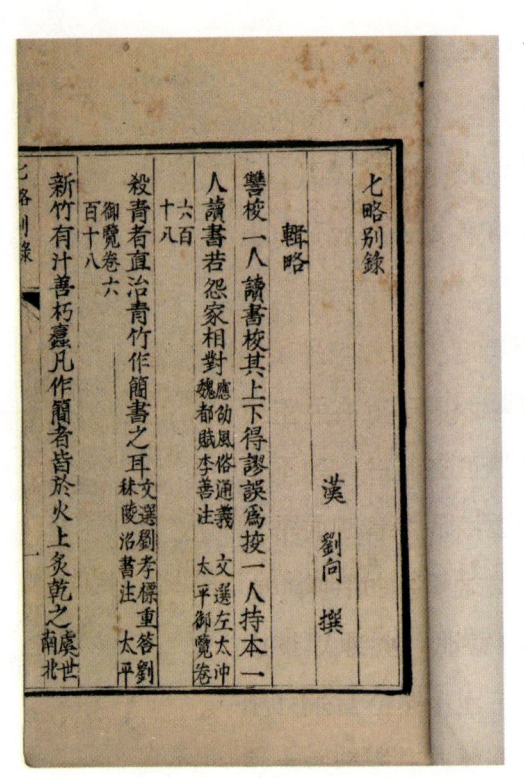

■ 古籍《七略别录》

古老、最经典的书籍。

汉成帝听说刘歆小小年纪就学识渊博、才华非凡，便特意召见他，让他做黄门郎。后来，又令刘歆与其父刘向一起负责整理校订国家收藏的书籍，这使刘歆有机会接触到当时皇家的各种稀见之书。刘歆坐拥这些皇室典藏，如饥似渴地钻研起来，成为一位对"六经"、传记、诗赋、术数和方技无所不精的渊博学者。

刘向、刘歆父子经过20多年的努力，圆满地完成了我国历史上第一次由政府组织的大规模图书整理编目工作，在这次校理群书的工作中，刘歆创造出一整套科学的方法。为了对书籍的篇章文字等进行校正，他们首先兼备众本，广搜异本；其次选定篇目，去除重复；再次纠理错简，校雠文字；最后勘定书名，誊清新本。

公元前6年，刘向去世，皇帝任命刘歆为中垒校尉，统领校书工作，以完成他父亲的未竟之业。汉成帝去世后，汉哀帝继位，刘歆负责总校群书，在刘向撰编《别录》的基础上，刘歆将著录的图书分为6个大类：《六艺略》《诸子略》《诗赋略》《兵书略》《术数略》和《方技略》。

在6大类之外，刘歆又写了个相当于后世目录叙

**中垒校尉** 汉武帝时开始设置的官名。中垒本是中尉属官，有令、丞、两尉。中尉所掌为备京师盗贼之事，中垒所掌亦同。汉武帝改中尉进为执金吾，为新置八校尉之一，秩比2000石，掌北军垒门内外及四城之事。

例的《辑略》，编成一部综合性的官修图书分类目录《七略》，计38种，603家，13219卷。

《六艺略》的主要部分是王官之学，多为儒家的经典著作以及学习经书的基础读物。因为汉武帝独尊儒术，《六艺略》因而被列于儒学重要读物，而且儒家也被列于《诸子略》之首。《六艺略》的内容包括：《易》《书》《诗》《礼》《乐》《春秋》《论语》《孝经》和《小学》。

《诸子略》中收集的为个人及他那个学派的书，是私门之学。主要是古代哲学、政治、经济、法律等方面的著作。其内容包括：儒家、道家、阴阳家、法家、名家、墨家、纵横家、杂家、农家和小说家。

《诗赋略》的内容包括：屈赋之属、陆赋之属、荀赋之体、杂赋和诗歌。赋是汉代特别发达的文体，也为汉武帝所爱好，汉武帝时又专门设立乐府以采歌谣，所以刘歆把诗赋单列一略，仅次于诸子略。

《兵书略》收集的是军事著作。在战争频繁的年代，军事学对于扩充势力、巩固政权很有作用，春秋战国以来此类书也较多，所以刘歆把它列于数术、方技二略之前。内容包括：兵权谋、兵形势、兵阴阳和兵技巧。

《数术略》是天文历

> **黄门郎** 秦朝开始设置的官名，又称黄门侍郎。即给事于宫门之内的郎官。宫禁之门黄阊，故称黄门郎或黄门侍郎。掌侍从皇帝，传达诏命。魏晋南朝时官名前均有"给事"二字，因掌管机密文字，职位日渐重要。

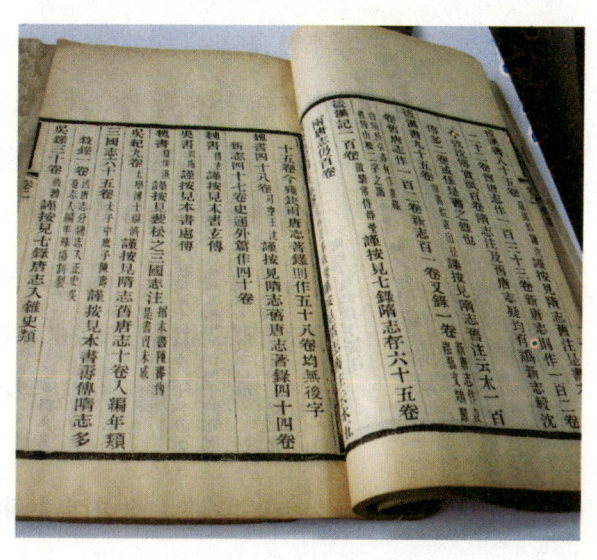

■ 古籍《七略》

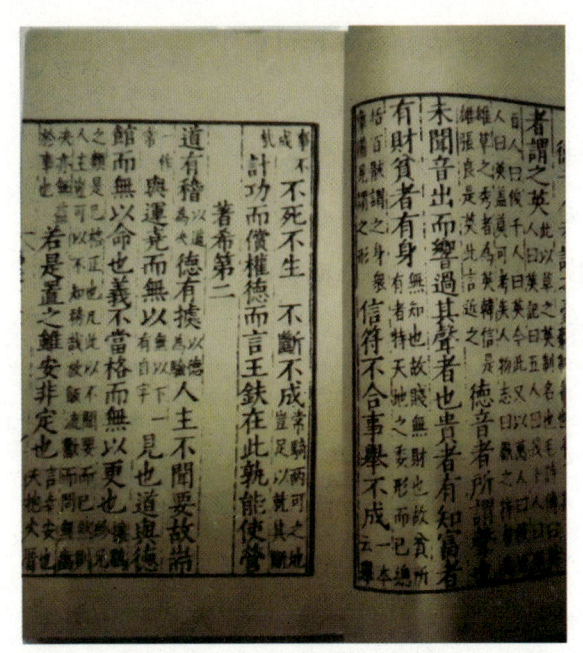

■ 古书《兵书略》

**经、史、子、集**
我国古籍按内容区分的四大部类。一些大型的古籍丛书往往囊括四部,并用以命名,如《四库全书》《四部丛刊》《四部备要》等,可见四部分类对古籍的重要意义。现在的各类图书馆仍沿用传统的四部分类法。

法、占卜星相方面的书。其内容包括:天文、历谱、蓍龟、杂占和刑法。

《方技略》主要是医药认识方面的著作。其内容包括:医经、经方、房中、神仙。

作为我国第一部图书分类目录,《七略》以学术性质作为分类标准,在著录上确立了较完全的著录方法,除编有内容提要外,还利用了"互见法"和"分析法",创立出的分类法和著录法对我国图书馆目录的发展产生了深远影响。

到了北宋末年,著名学者晁公武将友人赠送的50箧藏书和自己原来的藏书进行雠校舛误,于1151年完成《郡斋读书志》初稿编录工作,后来又对其重新加订补、勘正,分经、史、子、集4部,45类,其中经部10类、史部13类、子部18类、集部4类。

《郡斋读书志》具有多方面的学术价值。晁公武实际收藏图书1468部,基本包括了南宋以前我国古代的各类主要图书,把晁氏郡斋藏书记述得十分清楚,且集著录、介绍、校勘、考订于一书,故受到历代学者的重视和称赞,并为后来目录学的发展起到了重要的引导作用。

南宋时期,我国出版事业兴盛发达,私人藏书盛行。在这种风气影响下，有一个叫陈振孙的浙江吉安人，少壮时期受到书香熏染，勤于学习，一生嗜书如命，藏书、抄书、校书、著书，自幼至老，无有终时。

陈振孙在江西南城任县令期间，曾抄录了当地藏书家众多罕见之书。陈振孙的藏书楼名为"直斋"，先后积书达51480卷。当时南宋国家藏书仅为44486卷，陈振孙的藏书在数量上远远超过政府藏书。

陈振孙收藏的书不仅数量巨大，而且从质量上看，其若干珍本、善本，在国家藏书目录《中兴馆阁书目》中也是少见的，更是比稍早藏书的晁公武所收藏的24500卷书还多出一倍。由此可见，两宋时期不论公私藏书，无人能出其右。

陈振孙经过数十年心营目识和材料的积累，他把自己对于典籍整理研究的心得，按晁公武《郡斋读书志》的形式，把所藏之书分经、史、子、集4录，撰成私家藏书目录《直斋书录解题》53卷。

经录10类：易类、书类、诗类、礼类、春秋类、孝经类、语孟类、谶纬类、经解类、小学类。史录16类：正史类、别史类、编年类、起居注类、诏令类、伪史类、杂史类、典故类、职官类、礼注类、时令类、传记类、法令类、谱牒类、目录类、地理类。子录20类：儒家类、道家类、法家类、名家类、墨家类、纵横家类、农家类、杂家类、小说家类、神仙类、释氏类、兵书类、历象类、阴阳家类、卜筮类、形法类、医书类、音乐类、杂艺术、类书类。集录7类：楚辞类、总集类、别集类、诗集类、歌词类、章奏类、文史类。

陈振孙在编撰《直斋书录解题》的过程中，除了介绍作者生平、撮举每书大旨、品题得失、考辨讹谬外，他还对每本书做了解题，也就是提要。这些解题吸收并借鉴了前人的经验及成果，不拘泥于固定的格式，根据每部书的具体情况，决定解题的篇幅。在做解题时，陈振孙特别注意详略得当、繁简适中、灵活多样而不千篇一律。

《直斋书录解题》是我国古代一部重要的私人藏书目录，也是第一部以"解题"为书名的目录，该书收录丰富，体例较完备，记载较全面，在考证古籍存佚、辨识古籍真伪和校勘古籍异同等方面均起过重要作用。

到了清代同治年间，时任四川学政的张之洞编撰了一本举要性目录书《书目答问》，是作者因诸生不知"应读何书"及"书以何本为善"而为其开列的学习经史词章考据诸学指示门径的导读目录。收录者多为重要书籍，所选版本也从当时习见者中取其很少失误者为主，而不追求所谓的宋椠元刊。

《书目答问》全书共5卷，收书2200余种。所收图书都经过精心选择，较注重收录清朝后期的学术著作和科技图书。按经、史、子、集、丛书5部分类编排，大类之下再设小类，同类书按时代先后排列。著录书名、作者姓名、版本等。版本以当世习见为主。重要图书还撰有按语，指明阅读方法。书后附《别录》和《清朝著述诸家姓名略》。

## 阅读链接

陈振孙不仅是南宋藏书家、目录学家，编著了我国现存最早的一部私家藏书书目《郡斋读书志》，此外还撰有《易解》《尚书解》《吴兴人物志》《氏族志》和《玄真子渔歌碑传集》等，但皆不传。

陈振孙对理学也颇有研究。他服膺朱熹，在书录解题中甚为推崇；而于象山心学，则颇有贬斥。刘克庄在《故通判大夫宝章阁待制致仕陈振孙赠光禄大夫制》中评论说："早号醇儒，得渊源于伊洛；晚称名从，欲辈行于乾淳。"

# 考证细致的历代注释文献

我国南宋时期的1130年,南剑州尤溪一个贫困的朱氏家中诞生了一个男孩,取名朱熹,小名沈郎,小字季延,字元晦。

朱熹自小聪颖,弱冠及第,1148年中进士,历宋高宗、宋孝宗、宋光宗、宋宁宗4朝,历任左迪功郎、转运副使、焕章阁待制、秘书修撰、宝文阁待制等职。

朱熹是当时大儒家"二程"即程颢、程颐的三传弟子李侗的学生。他致力于教育事业,并于建阳云谷结草堂名"晦庵",在此讲学,四方慕名而来者很多,由此创立了在理学历史上影响深远的考亭学派,当时人称他为"考亭先生"。

朱熹承北宋周敦颐与"二

朱熹画像

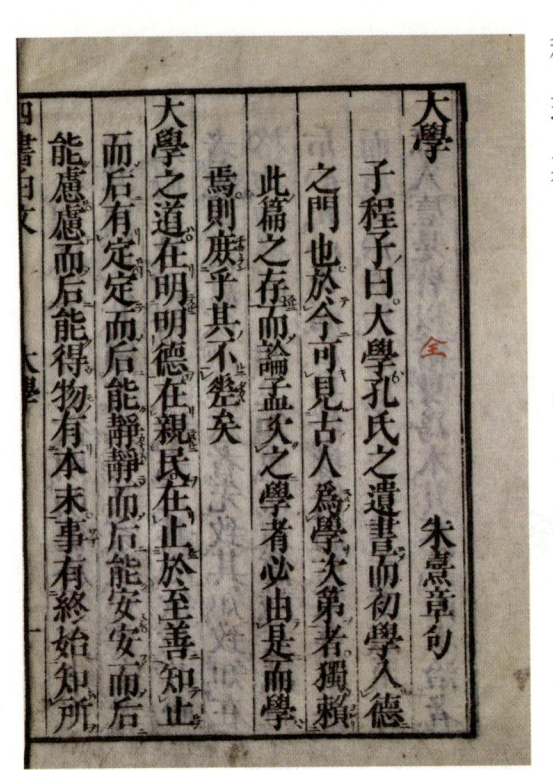

■ 朱熹著作《大学》

程"学说,创立宋代研究哲理的学风,称为"理学"。其著作甚多,辑定《大学》《中庸》《论语》《孟子》"四书"作为教本。

早在先秦时期,《大学》《中庸》《论语》《孟子》这4部儒家经典并没有受到重视。到汉武帝时,著名的汉儒大家董仲舒以贤良对《天人三策》,提出"罢黜百家、独尊儒术"的主张。由此,孔子的思想受到了执政者及思想界的推崇,于是,记载孔子及其主要弟子言行的《论语》也就被奉为圭臬。但当时《大学》《中庸》《孟子》三书,并没有受到汉儒的重视。

汉朝以后,《论语》的声誉日渐高涨。魏晋时期《论语》注家很多,其地位已经和经相等。这一时期,《孟子》也受到了一定的重视,特别是赵歧称孟子为"亚圣",并对《孟子》一书进行注释和宣传。

到了唐代,《孟子》《大学》《中庸》才受到了两位文学家韩愈和李翱的异乎寻常的重视,他们对三部书的思想也给予了充分肯定。如李翱的《复性书》将此二篇的部分观点加以融合、发挥,建构了一个较为完整的思想体系,开启了宋代理学大门。于是,宋代的"二程"沿着这个方向,尊奉《中庸》,并把

**韩愈**(768年~824年),字退之,祖籍郡望昌黎郡,世称韩昌黎。唐代著名的文学家、哲学家、思想家、政治家。与柳宗元共同倡导我国唐代古文运动,合称为"韩柳"。明人推他为"唐宋八大家"之首,有"文章巨公"和"百代文宗"之名,作品都收在《昌黎先生集》里。

《大学》与《论语》《孟子》并提。

到了朱熹这里,由于他学承"二程",其最有代表性的著作之一就是《四书章句集注》,简称《四书集注》,是集《大学》《中庸》《论语》《孟子》与"五经"于一体的巨作,是一部儒家理学的名著。

《四书章句集注》是四书的重要注本。其内容分为《大学章句》1卷、《中庸章句》1卷、《论语集注》10卷以及《孟子集注》14卷。

在本书中,朱熹首次将《礼记》中的《大学》《中庸》与《论语》《孟子》并列,认为《大学》中"经"的部分是"孔子之言而曾子述之","传"的部分是"曾子之意而门人记之";《中庸》是"孔门传授心法"而由"子思笔之于书以授孟子",四者上下连贯传承而为一体。《大学》《中庸》中的注释称为"章句",《论语》《孟子》中的注释集合了众人说法,称为"集注",因此后人合称其为"四书章句集注"。

在编排次序上,朱熹首列《大学》,次列《论语》和《孟子》,最后列《中庸》。他的意图是要人先读《大学》,以定其规模;次读《论语》,以立其根本;次读《孟子》,观其发越;次读《中

**董仲舒**(前179年~前104年),西汉著名的思想家、哲学家、政治家、教育家,今文经学大师,曾任博士、江都相和胶西王相,汉武帝举贤良文学之士,他对策建议,使儒学成为我国社会的正统思想,影响我国历史长达2000多年。

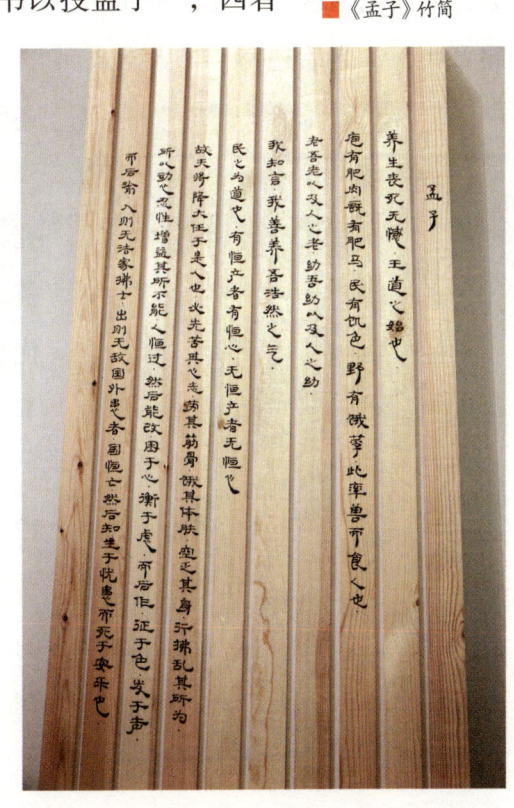

■《孟子》竹简

庸》，以求古人微妙之处。

在注释方式上，朱熹不同于汉唐学者的作风。汉唐学者注释，注重经书的原本，文字的训诂和名物的考证分量很重，做法烦琐。朱熹注释则注重阐发"四书"中的义理，并往往加以引申和发挥，其意已超出"四书"之外。

朱熹注释"四书"的目的，不仅仅是整理和规范儒家思想，宣扬和贯彻儒家精神，其更主要的是把"四书"纳入自己的理学轨道，用"四书"中的哲理作为构造自己整个思想体系的间架。从这个意义上说，《四书章句集注》不仅是儒家学说的大成，而且是朱熹儒学体系的基础。

朱熹几乎用了毕生精力研究"四书"。他在34岁时写成了《论语要义》，10年后又写成《论语正义》，之后又写《论语集注》《孟子集注》《论语或问》《孟子或问》。60岁时，他撰写《大学章句》《中庸章句》，之后还写了《大学或问》《中庸或问》。他在临去世前三日还修改了《大学·诚意章》的注释。

"四书"经过朱熹的反复研究，颇为完整，条理贯通，无所不备。"四书"在南宋以后之所以能代替"五经"的权威，是与朱熹的努力分不开的。

《四书集注》被历代所推崇，1212年，宋宁宗把《论语集注》和《孟子集注》列入学官，作为法定的教科书。宋理宗于1227年下诏盛赞《四书集注》"有补治道"。

宋以后，元、明、清三代都以

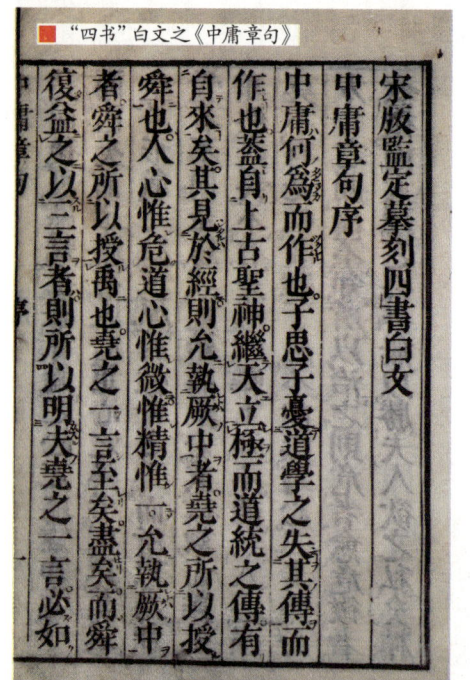

▶ "四书"白文之《中庸章句》

《四书集注》为学官教科书和科举考试的标准答案。因此，理学成为官方哲学，占据着统治地位，而《四书集注》作为理学的重要著作，也被捧到了一句一字皆为真理的高度，对我国古代思想产生了深远、巨大的影响。

随着儒学在我国社会中定于一尊，历代学者纷纷为诸经作注解。其中，汉代及稍后的学者们做了大量的注释工作，人们称之为"注"或"笺"。

唐宋时期，由于时代久远，人们对汉代的注释也难以理解了，于是一些学者不仅注解经传的正文，而且对前人的旧注也进行解释和阐发，习惯上就称之为"疏"或"正义"。

■ "四书"白文之《大学》

历代解释"十三经"的著作很多。南宋以前，注和疏本来都是单独成书的，南宋时期才开始合刻在一起。

南宋绍熙年间，开始有了汇集唐宋之前最具权威性的"十三经"注、疏的合刊本，形成一整套经书及其注文，称为《十三经注疏》，后复有十行本。

到了明嘉靖时期，出现闽本《十三经注疏》，据十行本重刻；明万历年间有监本，据闽本重刻；明崇祯时期有毛氏汲古阁本，据监本重刻。

由于明代的监本和汲古阁本，因辗转翻刻，讹谬百出，于是清初有了武英殿本。清嘉庆时期，著名学

> **十三经** 即《周易》《尚书》《毛诗》《周礼》《仪礼》《礼记》《春秋左传》《春秋公羊传》《春秋穀梁传》《论语》《孝经》《尔雅》《孟子》13部儒家著作，因为历代将它们尊为儒家经典，故称为"经"。

者阮元主持重刻《十三经注疏》，汇集宋本重刊，以十行本为主，并广校唐石经等古本，撰《校勘记》附于诸经卷末，号为善本，是历代最好的本子，素来为世人所看重。

清代的阎若璩也长于考据，著有《四书释地》6卷、《释地余论》1卷，校正前人关于古地名附会的错误，其他撰著尚有《潜丘副记》6卷、《毛朱诗说》1卷、《孟子生卒年月考》10卷等著述，其中以《尚书古文疏证》最为重要，是阎若璩的代表作。

《尚书古文疏证》共有4卷，清初著名经学家黄宗羲为之作序，后又续成4卷，共为8卷。原来仅有抄本流传，阎若璩逝世40年后，始由其孙学林刻于淮安，是为清乾隆年间刻本。

《尚书古文疏证》运用随心所欲、自相矛盾的方法来证明古文《尚书》之"伪"。这样一部"辨伪"著作，自问世以来一直受到学术界推崇，究其原因是由于疑古辨伪思潮的长期风尚；加之《尚书古文疏证》又运用了多种写作手法，许多学者陈陈相因，给予其书一片喝彩声。

## 阅读链接

儒家文献"十三种"取得"经"的地位，经过了一个相当长的历史时期。

汉代以《易》《诗》《书》《礼》《春秋》为"五经"，官方将其立于学官。唐代有"九经"，也立于学官，包括《易》《诗》《书》《周礼》《仪礼》《礼记》和"春秋三传"。五代时蜀主孟昶刻"十一经"，排除《孝经》《尔雅》，收入《孟子》。南宋时《孟子》正式成为"经"，和《论语》《尔雅》《孝经》一起，加上原来的"九经"，构成"十三经"。

# 卷帙浩繁的历代丛书文献

在我国两宋时期，由于政府推行重文抑武的政策，作为最高执政者的皇帝身体力行，带头读书，赋诗撰文，使得全国上下形成了浓厚的文化氛围。

在这种氛围中，宋代的士大夫们勤于著述，图书编撰数量大大超

朱熹蜡像

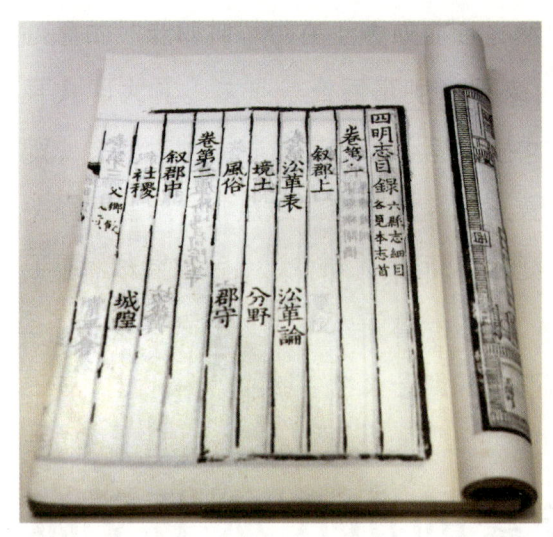

■ 南宋时期的书籍

**扬雄**（前53年~18年），字子云。西汉官吏、学者。西汉蜀郡成都（今四川成都郫县友爱镇）人。少年时好学，博览群书，擅长辞赋。王莽时任大夫，校书天禄阁。扬雄是继司马相如之后西汉最著名的辞赋家。正所谓"歇马独来寻故事，文章两汉愧扬雄"，是对他最好的评价。

过前代，而且多有创新。北宋时期，编撰的史书都是前代的历史，而到了南宋时候，无论是官修与私撰，都十分重视当代史的修撰。南宋图书编撰在北宋的基础上更上了一层楼，在诸多方面都有了进一步发展创新。

南宋时期，政府专门设立一个以馆阁为主的完善的修史机构，负责编修本朝的起居注、时政记、日历、会要、实录、国史等。这些繁简不一、体例不同的当代史书，详细地记载了小到皇帝一言一行，大到国家方针大略制定的历史，为宋代士大夫私人修史提供了丰富的资料。

南宋中后期，因为有北宋与南宋前、中期官方编修的《国史》《实录》和《会要》，以及大量的北宋与南宋前、中期人的文集、笔记等，为那些家学渊源的史学家撰写当代史书提供了资料上的便利，导致私人修史和修撰当代史的风气盛行。

宋以前的史书虽然种类不少，但主要是编年和纪传两种。编年体以时为经，以事为纬，按年、月、日顺序记载史事。这样记虽然时间清晰，但遇到重大事件，从发生到结束，少则几天，多则数十年，这就容易使同一件事情首尾却被分散在好几卷书里，对读者了解整个事件过程造成困难。而纪传体以人物为中心，人物为纲、时间为纬，这就直接导致了一个涉及多人的事件，往往被反复记载数篇。

所以，到了南宋时候，为了更好更有效地弥补这种体例的不足，士人学子们开创了纪事本末体史书的新体例。同时，士人学子们还开创了将原传抄和刻印的单独著作，按照一定的体例汇辑在一起而冠以一个总名的丛书。

1201年，太学生俞鼎孙及其兄俞经编辑的我国第一部丛书《儒学警悟》，就是在那样的时代背景下编辑而成的。

《儒学警悟》将一些单独著作汇辑在一起，有利于图书集藏和保管，便于读者对图书的搜寻阅读，所以自问世后，很受欢迎，从此，编辑丛书蔚然成风。

当时，有个叫左圭的学者，他在阅读《儒学警悟》时，发现《儒学警悟》带有作者明显的个人倾向。为此，左圭便决定编辑一套不分派别、不限年代、搜采渊宏、体例完备，让阅读者能于学术得融贯之益、于原著无割裂之嫌、如百川之归海的书。

左圭历时70余年，终于在1273年编成了另一部规模较大的丛书《左氏百川学海》，简称《百川学海》。其书名取于汉代学者扬雄《扬子法言》"百川学海而至于海"，意为由众说之学派，而溯学海之渊源。

在编辑过程中，左圭按甲、

**太学生** 指在太学读书的生员，亦是最高级的生员。明朝、清朝时太学即国子监的俗称，内设祭酒、司业各一人为正副长官，其属有监丞、五经博士、六堂助教、学正、学录、典簿、典籍等学官掌教务。

**士大夫** 原指官吏或较有声望、地位的知识分子，通过竞争性考试选拔官吏的人事体制为我国所独有，因而形成了一个特殊的士大夫阶层，即专门为做官而读书考试的知识分子阶层。士大夫是我国特有的产物。

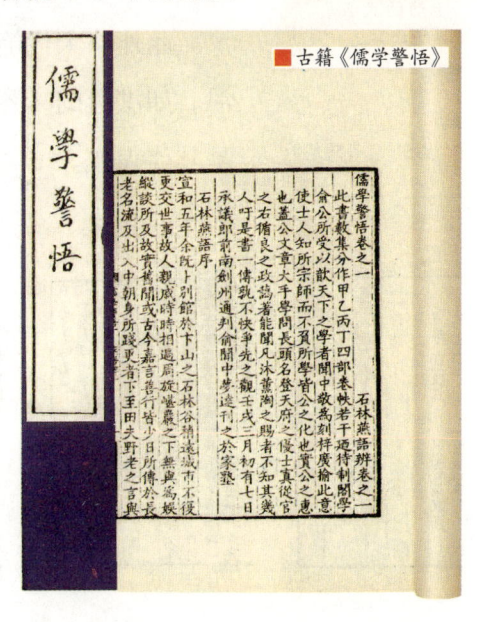

■ 古籍《儒学警悟》

> **小品** 就是小的艺术品。广义的小品包含很为广泛，在散文中指篇幅较短的文学样式；狭义的小品泛指较短的关于说和演的艺术，它的基本要求是语言清晰、形态自然，能够充分理解和表现出各角色的性格特征和语言特征，最具代表性的是喜剧小品。

> **礼部尚书** 我国古代官职。礼部南北朝北周始设，隋唐为六部之一，历代相沿。礼部最高长官礼部尚书是主管朝廷中的礼仪、祭祀、宴筵、学校、科举和外事活动的大臣，清代为从一品。

■ 古籍《容斋随笔》

乙、丙、丁、戊、己、庚、辛、壬、癸把全书分成10集，每集收10种书，共收100种书，177卷。这套书中所收的图书大多是唐代和宋代人所著的记述掌故琐记、朝廷故事、遗闻逸事、典章制度和野史笔记，也有不少宋代人编撰的有关谱录、诗话和书法的著作，除此之外，还有少量两晋南北朝人的著作。

《百川学海》是我国刻印最早的一部丛书，虽然成书晚于《儒学警悟》70余年，但因其流传较为广泛，影响远远超过《儒学警悟》，故后世尊之为丛书之祖。后来明代的吴永之又有《续百川学海》《再续百川学海》《三续百川学海》。在此基础上，明代的冯可宾又编撰了《广百川学海》，分为10集，以十干标目。

宋代是我国古代笔记成熟期，宋代笔记中，原先的志怪传奇内容趋于淡化，注重现实成为主流，可以说，宋代笔记已是晚明小品的先驱。

此外，宋代笔记也开启了后世考据辨证笔记的先河。如洪迈的《容斋随笔》、王应麟的《困学纪闻》是其代表作。

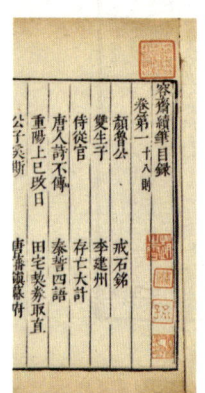
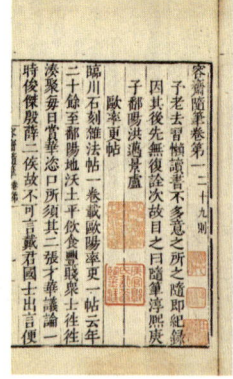
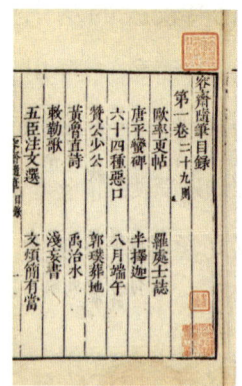
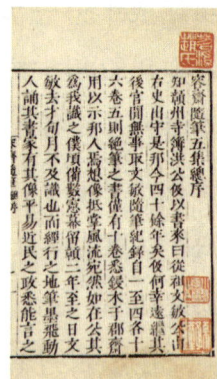

洪迈生于1123年，南宋饶州鄱阳人，字景卢，号容斋，南宋著名文学家。作为一个勤奋博学的士大夫，洪迈一生涉猎了大量的书籍，并且养成了做笔记的习惯。在读书之际，每有心得，便随手记录下来，集40余年的成果，形成了丛书《容斋随笔》。

《容斋随笔》分《随笔》《续笔》《三笔》《四笔》《五笔》，共5集74卷。其中前四集各16卷，因书未成而作者过世，故《五笔》仅为10卷。

《容斋随笔》内容繁复，议论精当，是一部涉及领域极为广泛的著作，自经史诸子百家、诗词文翰以及历代典章制度、医卜、星历等，无不有所论说，而且其考证辨析之确切、议论评价之精当，皆备受称道。

《容斋随笔》最重要的价值和贡献是考证了前朝的一些史实，如政治制度、事件、年代、人物等，对历代经史典籍进行了重评、辨伪与订正，提出了许多颇有见地的观点，更正了许多流传已久的谬误。不仅在我国历史文献上有着重要的地位和影响，而且对于我国文化的发展亦意义重大，对后世产生了较为深远的影响。《四库全书总目提要》推它为南宋笔记小说之冠。

王应麟，字伯厚，生于1223年，是南宋末年的政治人物和经史学者以及文字学家。其父曾任温州知州。王应麟从小受家父培养教育，中进士后21岁即任衢州主簿，受程朱学派王野、真德秀等人影响，任官同时勤于读经史，后官至礼部尚书兼给事中。

1276年宋亡后，王应麟在家乡隐居，讲述经史20年。其著作甚多且学术价值甚高，其中《玉海》为百科全书式的著作，为其准备博学宏词考试时所整理的。《困学纪闻》是笔记类的著作，集合其大量经史研究的心得成果。《汉制考》为历史著作。《通鉴地理通释》是历史地理学的著作。《小学绀珠》则是关于文字学的著作。

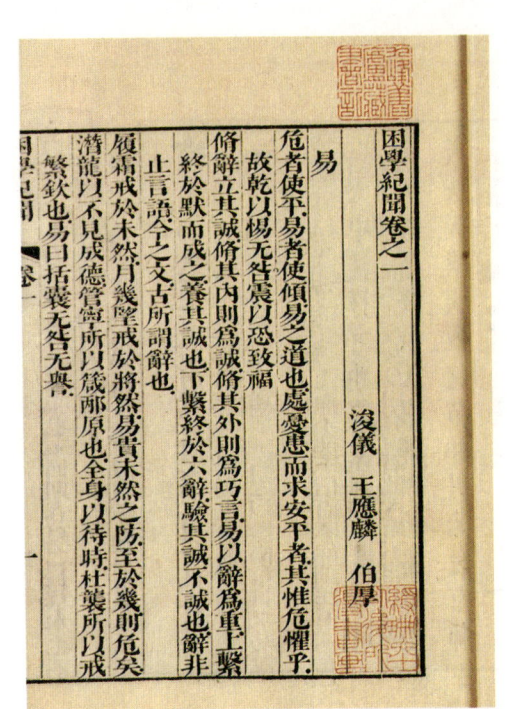

■ 古籍《困学纪闻》

《困学纪闻》采用笔记形式，分类编排，对文献典籍、学术渊源、文化现象进行疏理、考证、鉴定与评介。凡说经8卷，天文、地理、诸子2卷，考史6卷，评诗文3卷，杂识1卷，共20卷。由此可见内容广博，凡属后学所当知当学的方方面面均有所发明、有所创见，其文辞简约而道理融通、探奥穷源而真知洞见，成为学子视为珍宝的案头书。

后世历代治学者对《困学纪闻》极为重视，特别是清末民初以来从事古籍整理的专家学者，每每利用该书的原始资料与考据成果。

南宋刊刻丛书之风在明代得到了蓬勃发展。明代著名学者解缙，自幼受到良好的教育，颖敏绝伦，有"神童"之称。他在18岁时参加江西乡试，名列榜

**翰林院** 初时为供职具有艺能人士的机构，唐朝始设。初为唐玄宗选擅长文词的朝臣入居翰林起草诏制，后逐渐演变为草拟机密诏制的重要机构，任职者称为待诏，以备起草急诏。宋沿唐制设学士院，称翰林学士院。元设翰林兼国史院及蒙古翰林院。清设翰林院，置掌院学士两人，满、汉各一人，从二品。

首；次年，会试名列第七，选为庶吉士，读中秘书。

解缙初入仕时，深受明太祖朱元璋宠爱，常侍奉左右。一日，明太祖在大庖西室向解缙询问治国安邦良策，对解缙说："与尔义则君臣，恩犹父子，当知无不言。"

解缙遂日上万言书，剖切陈词。明太祖连连称赞解缙有安邦济世之奇才，治国平天下之大略。不久，解缙又献《太平十策》，再次陈述自己的政治见解，亦得明太祖赞许。遂官至翰林学士。

明太祖去世后，朱棣登上帝位，年号"永乐"，是为明成祖。自幼喜欢读书的明成祖为了实行文治，遂任命翰林院学士解缙为内阁首辅，下令由解缙领导编纂一部有史以来数量最多、种类最全、质量最好的大型图书。

明成祖希望编纂一部自有图书以来，包括经史子集、百家之书、包罗万象的大规模的丛书。然而一开始解缙并没有真正领悟明成祖编一部终极之书的意图，才一年工夫，和同事们就编成了这部把历代文献分门别类的书。

当解缙把这部名为"文献大成"的著作献上时，明成祖十分不满意，认为所纂尚多未备，过于简略，不符合他的原意，因此又下令大规模地予以修改充实，并增派太子少师姚广孝、礼部尚书郑赐等协同解缙为监修官，又从翰林院和国子监抽调

> **内阁首辅** 首辅是明代对首席大学士的习称。明中期后，大学士又成实际宰相，称之为"辅臣"，称首席大学士为"首辅"，或称为"首揆""元辅"。清代领班军机大臣之权极重，亦称首辅。

■ 解缙立像

2000多名学者参加编写、校订、录写、绘图等工作。

解缙这才意识到,明成祖实际上是想借由这部大书的编纂,使意识形态高度集中到他所指定的方向上来,以达到文治的目的。

接着,解缙便带领着这支由朝臣文士、宿学老儒组成的2.16万人的庞大的编纂队伍,重新开始了工作。经过3年寒暑,到1407年12月,这部名为《永乐大典》的皇皇巨著终于全部编成。

《永乐大典》收录上自先秦,下迄明初各种书籍七八千种,内容涵盖经史子集,以及天文、地理、阴阳、医术、占卜、释藏、道经、北剧、南戏、平话、工技、农艺、志乘等,共计11095册,22877卷,3.7亿字,全书被装订成11095册,仅目录就达60卷之多。

《永乐大典》纂成后,被放置在南京文渊阁的东阁。1421年明成祖移都北京,挑选了一部分藏书带到新都,《永乐大典》在正统年间正式被放置在文楼中。

在明代皇帝中,明世宗嘉靖皇帝最喜爱《永乐大典》,平时在案头上常备几册大典以供随时翻阅。1557年宫中发生大火,三大殿都被烧毁。火势蔓延,很快便危及文楼中的大典。明世宗连夜下了3道金牌,令人把大典及时抢救出来。

为防止今后再遭受类似的祸患,明世宗便萌生了重录大典的想法,并同大臣徐阶反复商议此事,最终完成了重录工作。

自明成祖朱棣以皇家名义组织辑成《永乐大典》后,民间富学力之士纷起效仿,乃至明代出现私家撰著丛书盛行的文化现象。如通州学者撰著的大型丛

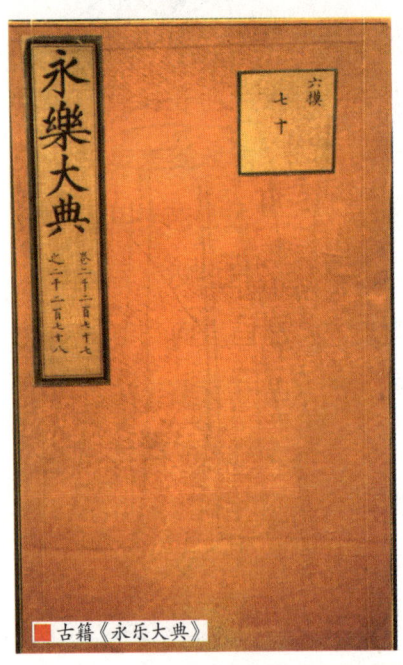

古籍《永乐大典》

书就有两部：曹大同的《艺林花烛》160卷和彭大翼的《山堂肆考》240卷。但只有后者得以流传后世。

1595年，彭大翼历经40余年的博览群书，采集辑录，终于完成了大型丛书《山堂肆考》，并由周显金陵书林刊印。

《山堂肆考》以其洋洋260余万字的鸿篇巨制，在我国古代私家撰述的众多丛书中确实出类拔萃。该书采集宏富，内容浩博，门类繁杂，经史子集、释经道藏，无所不及。

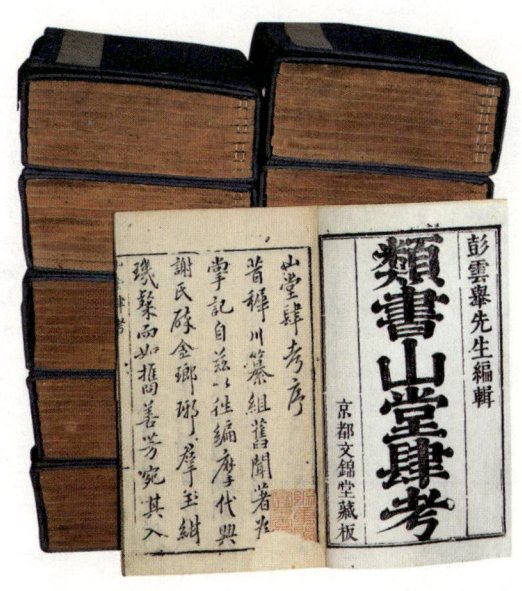

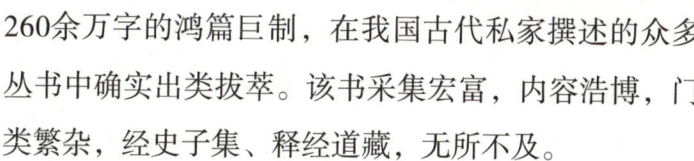

■ 古籍《山堂肆考》

《山堂肆考》全书分宫、商、角、徵、羽5集，共45门；每门又分子目若干，每一子目有小序一篇，述其内容、范围、沿革等，下录引文，或标书名。剪裁得当，浅显易懂。

到了明万历年间，在宰相张居正和申时行等人的大力改革下，经济得以快速增长，出现了"万历盛世"的繁华景象。在经济发展的同时，各种文化思想如雨后春笋般拔出地面，丛书也在这个时期得以蓬勃发展。

当时有个叫何镗的人，为人刚直，在任进贤知县期间，很有政声。后来，何镗又晋升为开封府丞、潮阳知县、江西提学佥事等职。

何镗崇尚理学，勉励读书。他在读书研习的过程

张居正（1525年~1582年），字叔大，号太岳。明代政治家、改革家。明神宗万历初年，张居正代首辅。当时明神宗年幼，张居正得到当时摄政的神宗生母李太后的完全信任，一切军政大事均由他主持裁决，前后当国10年，实行了一系列政治经济改革措施，收到一定成效。

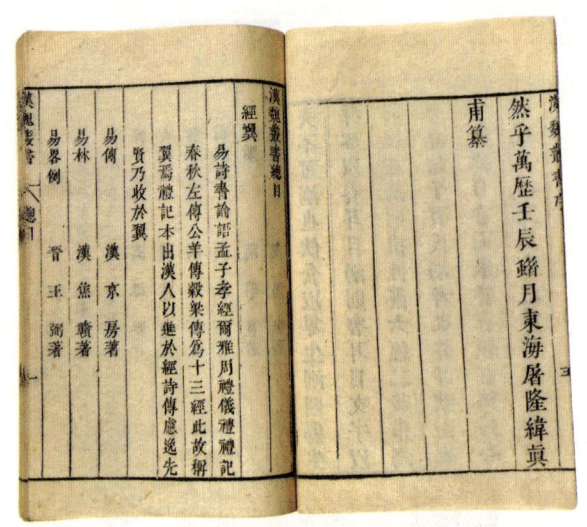

古籍《汉魏丛书》

中，发现古代书籍由于时代变迁而发生的散佚现象非常普遍，感到非常痛心，便立志于从事对亡佚之书的辑佚整理工作。

后来，何镗在任云南参政间以亲老乞归养获准。他在家亲老期间，政府又升任他为广东按察使和河南布政使，他均未赴任，而是在家闲居著书，先后编成《古今游名山记》和《中州人物志》，并撰有《修撰通考》《翠微阁集》等。

由于明代丛书刊刻之风盛行，于是，何镗别出心裁地专辑了一套以汉魏时期的旧作为主，间有南北朝时晋、梁、陈人以及隋人著作的丛书，并以这一时期冠名为《汉魏丛书》。

《汉魏丛书》的内容主要是汉魏及两晋南北朝的古经逸史、稗官野乘之作。何镗编辑完成后并未刊行。直到1592年，藏书家程荣得到此书后，才选刊了其中的38种。10年后，藏书家何允中将《汉魏丛书》分为经翼、别史、子余、载籍四部刊行，名为《广汉魏丛书》。

《汉魏丛书》内容大多是古经逸事、稗官野史等。这部丛书子目38种，计251卷，以编校细、篇目全、刻印精，成为古代大型出版丛书之祖及著名的精善本。

**布政使** 明太祖洪武初年罢元代的行中书省，至明宣宗时，除南北两京外，分全国为十三承宣布政使司，每司设左、右布政使各一人，为一省最高行政长官。最后为加强统治，设置总督、巡抚等官，布政使权位乃轻。

《汉魏丛书》是我国第一部名副其实的综合性丛书，也被誉为"开创古代大型出版丛书之始祖"。自《汉魏丛书》出版后，许多学人纷纷涉足考据学、目录学、文献学等领域，开拓性地对编纂类书、丛书进行研究。一时间，整理、刻印古代典籍蔚然成风。

明代丛书的大量出现，促成了清代历史的新发展。清代学者朱筠早年任翰林院编修，后被授予贵州都匀知府，未及赴任，即以四品服留任，后又擢升为侍读学士。

朱筠任安徽学政时，遂刊布宋版《说文解字》，并意识到"六书"之学的重要性：

> 六书者，所以辅史而通经，其道大，非独一端而已。

朱筠在诲导士子时，特别指出"六书"为研究古学的入门之径。此说一出，遂为学者认同，流风所向，士子因多有通"六书"及注疏家言者，学风为之一变。

此时正是清乾隆皇帝在位期间，乾隆帝下诏向天下广求遗书，以昭示盛世文治之意及自己对载籍的重视，并为士人指明了为学应有的态度和方法。而朱筠这种以经义古学为宗尚的取向，正好顺乎时代潮流。正是在此背景之下，朱筠遂上一则《购献遗书

> 六书 指象形、指事、形声、会意、转注、假借。汉代学者把汉字的构成和使用方式归纳成六种类型，总称六书。六书是后来的人把汉字进行分析而归纳出来的系统。然而，有了六书系统以后，人们再造新字时，都以该系统为依据。

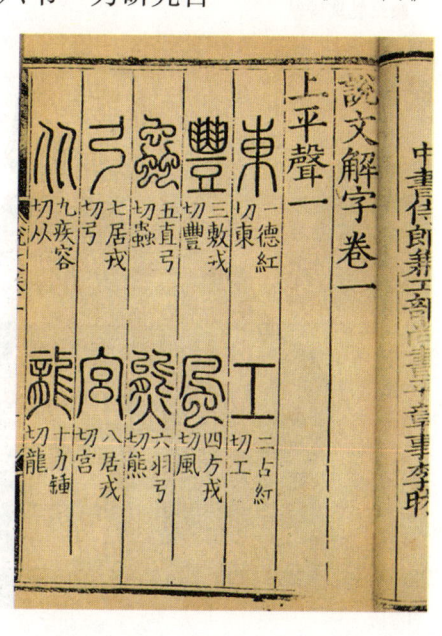

■ 古籍《说文解字》

折子》以示对皇帝之谕的积极响应。他还上有一则《谨陈管见开馆校书折子》，阐发了自己对购求遗书事宜的看法。

朱筠的建议得到皇上的肯定和采纳。不几日，清乾隆皇帝即下命开馆校核《永乐大典》，接着便诏令将所辑佚书与"各省所采及武英殿所有官刻诸书"汇编在一起，名曰《四库全书》。

1772年征书开始，次年二月，《四库全书》正式开始编修，以大学士纪晓岚、陆锡熊、孙士毅为总纂官，编修陆费墀为总校官，下设纂修官、分校官及监造官等400余人。

在纪晓岚、陆锡熊、孙士毅等人的领导下，把其中"经部"分为"易、书、诗、礼、春秋、孝经、五经总义、四书、乐、小学"10类。

"史部"分为"正史、编年、纪事本末、别史、杂史、诏令奏议、传记、史钞、载记、时令、地理、职官、政书、目录、史评"15类；

"子部"分为"儒家、兵家、法家、农家、医家、天文算法、术

■纪晓岚蜡像

《四库全书》

数、艺术、谱录、杂家、类书、小说家、释家、道家"14类；

"集部"分为"楚辞、别集、总集、诗文评、词曲"5类。全书共44类。

考虑到这部书囊括古今，数量必将繁多，总纂官纪昀、陆锡熊等便提出分色装潢经、史、子、集书衣的建议。书成后它们各依春、夏、秋、冬四季，分四色装潢，即经部绿色、史部红色、子部月白色、集部灰黑色，以便检阅。

为了保存这批精典文献，由皇帝"御批监制"，从全国征集3800多位文人学士，集中在京城，历时10年，用工整的正楷抄书7部，连同底本，共8部。虽然9部书由数千人抄写，但字体风格端庄规范，笔笔不苟，如出一人。

为了存放《四库全书》，清乾隆皇帝效仿著名的藏书楼"天一阁"的建筑建造了南北七阁。分别将这8部书分藏在"北四阁"和"南三阁"。七阁之书首尾都钤有玺印。

在编纂《四库全书》的过程中，为了便于阅读，清乾隆皇帝还下诏编了《四库全书荟要》《四库全书总目》《四库全书简明目录》

《四库全书考证》《武英殿聚珍版丛书》等书。

《四库全书荟要》是《四库全书》的精华，收书473种、19931卷。《四库全书总目》200卷是《四库全书》收录书和存目书的总目录。《四库全书简明目录》20卷是《四库全书总目》的简编本，它不列存目书，只列《四库全书》收录的图书，每种书的提要也写得较简单。《四库全书考证》100卷是四库馆臣对应抄、应刻各书校勘字句的记录汇编。《武英殿聚珍版丛书》是用木活字印成的。

《四库全书》是清乾隆皇帝亲自组织的我国历史上一部规模最大的丛书。据文津阁藏本，该书共收录古籍3503种、79337卷，装订成3.6万多册，约10亿字。《四库全书》整理、保存了一大批重要典籍，开创了我国书目学，具有无与伦比的文献价值、文物价值与版本价值。

在此之后，清代乾隆嘉庆年间的藏书家鲍廷博父子又刊刻了丛书《知不足斋丛书》全书30集，其前27集由鲍廷博所刻，后3集由其子鲍士恭续刻。共收书208种，含附录12种。后来还有《续知不足斋丛书》和《后知不足斋丛书》等，最大限度地保存了一批重要古代典籍。

> **阅读链接**
>
> 清代文献如《古今图书集成》《四库全书》等，可以称为中华传统文化最丰富、最完备的集成之作。我国后世的文、史、哲、理、工、农、医，几乎所有的学科都能够从中找到它的源头和血脉，几乎所有关于我国的新兴学科都能从这里找到它生存发展的泥土和营养。
>
> 从清代开始，作为国家正统、民族根基的象征，这些文献已成为我国乃至东方读书人安身立命、梦寐以求的圭臬，堪称我国历史上的"传国之宝"。

## 文明薪火 — 科技专著

在浩如烟海的我国古代文化典籍中，科技专著所占比例虽然不大，但记载着我国古代科学技术的辉煌成就，堪称一朵奇葩。

我国古代科技源于生活，生活需要各种实用技术，而古代科学家的探索精神是古代科技发展的重要因素。他们的专著包括古代医学著作、历代天文历法专著、历代农学专著、历代地理专著和工艺科技专著等，其所记载的我国古人引以为豪的发明创造，多是对生产经验的直接记载或对自然现象的直观描述，无不带有鲜明的实用性，极大地推动了我国古代文明的发展。

# 关注健康的历代医学著作

在神话时代的神农氏时期,当时的人们没有多少东西可吃,靠捋草籽、采野果、猎鸟兽维持生活。有时吃了不该吃的东西,中了毒,严重时就会被毒死。人们得了病,不知道对症下药,只能遭受病痛的折磨。神农氏为这事很犯愁,决心尝百草,定药性,为大家消灾祛病。

神农氏为疗救民疾,他尊当时名震天下的医生岐伯为老师,称其为"天师",他们经常在一起研讨医学问题,后来留下了宝贵的医学著作《黄帝内经》,这是我国最早的医学著作,后人也称之为"岐黄之术"。

《内经》因是后人假托黄帝所作,故又称《黄帝内经》。实际上,这部医学经

神农画像

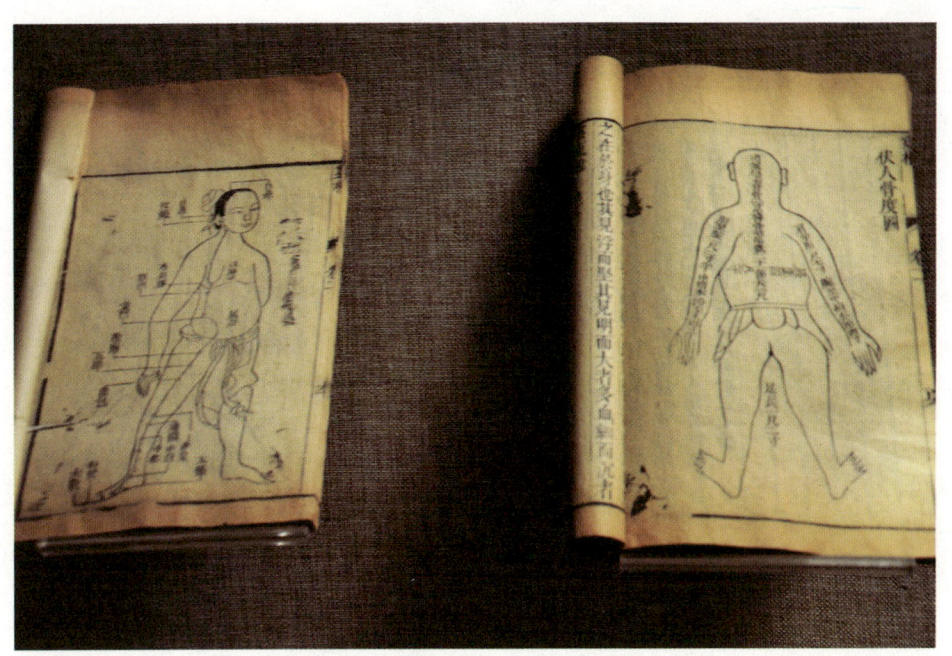

■ 古书籍《黄帝内经·素问》

典并非出自一人之手,而是许多医学家长期积累的成果,它大约成书于战国时期。

《黄帝内经》包括《素问》和《灵枢》两大部分,《灵枢》又称《针经》。《素问》和《灵枢》各有9卷81篇,合为80卷162篇。

《黄帝内经》在我国古代哲学思想阴阳五行学说的指导下,全面而系统地论述了人体生理学、病理学、病因学、诊断学等,介绍了内科、外科、儿科、妇科等310种病候,以及对这些疾病应采取的汤液、针灸、按摩等治疗方法。

《内经》还提出了用解剖方法探求病理的主张,并强调以防病为主的医疗思想。已经不是消极的治病,而是积极地注意身体保健和疾病的预防了。

《内经》是一部包括丰富的医学理论和临床实践经验的古典医学著作,反映了我国古代医学发展的

**阴阳五行学说**
我国古代朴素的唯物论和自发的辩证法思想。这种学说认为世界是物质的,物质世界是在阴阳二气作用的推动下滋生、发展和变化的;并认为木、火、土、金、水5种最基本的物质是构成世界不可缺少的元素。

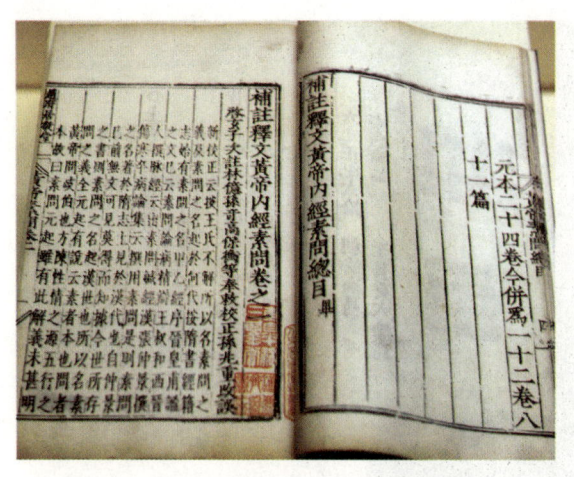

■ 古籍《黄帝内经》

成就，在我国医学史上和世界医学史上都占有重要的地位。《内经》为祖国医学的学术理论体系奠定了广泛的基础，对促进后世医学的发展起了重要作用。

到了秦汉时期，由于内外交通日益发达，"丝绸之路"开通，西域等少数民族地区、南海等边远地区以及东南亚等地的药材源源不断输入内地，并逐渐为内地医家所采用，大大丰富了当时人们的药物学知识。

秦汉以来，药物学知识又有了新的积累和发展。西汉初期曾流行过药物学专著，《史记·仓公传》提到的古代医药书中就有《药论》，还有传说的《子仪本草》。

用药经验的积累，以及药物学知识的日益丰富，需要专人进行整理和研究。因此，西汉朝廷就已开始召集专人整理、研究和传授本草学。加之秦汉时临证医学的迅速发展，对药物学也要求相应发展，正是在这样的历史背景下产生了《神农本草经》一书。

《神农本草经》全书3卷，共收载药物365种，采用上品、中品、下品分类法，以补养无毒药120种为上品，以遏病补虚、有毒或无毒的120种为中品，以除邪多毒药125种为下品，这是我国药物学最早、最原始的药物分类法。

**君臣佐使** 原指君主、臣僚、僚佐、使者四种人分别起着不同的作用，后指中药处方中的各味药的不同作用。君指方剂中针对主证起主要治疗作用的药物。臣指辅助君药治疗主证，或主要治疗兼证的药物。佐指配合君臣药治疗兼证，或抑制君臣药的毒性，或起反佐作用的药物。

《神农本草经》在药物理论方面，概括记述了君臣佐使、七情和合、四气五味、阴阳配合等，并且明确了"疗寒以热药，疗热以寒药"的原则，使药物性能与病机更紧密地结合起来，完善了中医学的治疗理论。对药物功效、主治、用法、服法都有一定论述，很便于临床应用。

《神农本草经》中提出了配伍宜忌的观点。所载主治病症约170余种，包括内、外、妇、儿、五官等各科疾患。另外，还注意到药物的产地、采集时间、炮制、质量优劣和真伪鉴别等。

《神农本草经》包含了许多具有科学价值的内容，而所反映出的当时我国医学通过大量实践积累起来的对药物的认识，是很了不起的。《神农本草经》对秦汉以前零散的药物知识进行了第一次系统的总结，历来被尊为药物学的经典著作，并被注释发挥。

与《神农本草经》同时产生的还有张仲景的《难经》。张仲景于150年正月十八日出生在一个没落的官僚家庭，其父张宗汉曾在朝为官。由于家庭条件的特殊，张仲景从小就接触了许多典籍，他从史书上看到了扁鹊望诊齐桓公的故事后，对扁鹊产生了敬佩之情，从此发誓成为扁鹊那样的名医。于是张仲景从小爱好医学，"博通群书，

**扁鹊**（前407~前310年），姬姓，秦氏，名越人，又号卢医，春秋战国时期名医。春秋战国时期渤海郡郑人，今河北省沧州市任丘市人。少时学医于长桑君，得其真传医术禁方，擅长各科。在赵为妇科，在周为五官科，在秦为儿科，名闻天下。他奠定了中医学的切脉诊断方法，并开启了中医学的先河。

■ 张仲景石像

潜乐道术"。当他10岁时，就已读了许多书，特别是有关医学的书。

张仲景经过多年的刻苦钻研和临床实践，医术提高很快，同时搜集了许多治病的验方，成为一方有名的良医。

《难经》是在《内经》理论基础上释难解疑，其成书显然在《内经》之后。因张仲景《伤寒杂病论·序》已提到"八十一难"的名称，而《隋书·经籍志》载本书亦言有三国时的注本，一般认为约成书于西汉时期。

《难经》以假设问答、解释疑难的方式编纂而成，全书共讨论81个问题，故又称《八十一难》，简称《难经》。全书所述以基础理论为主，还分析了一些病症。其中1至22难论脉，23至29难论经络，30至47难论脏腑，48至61难论病，62至68难论穴位，69至81难论针法。

《难经》全书内容简要，辨析亦颇于精微，在中医理论、针刺以及诊断学上具有颇多贡献，对后世中医的发展产生了不小的影响。

此外，张仲景还完成了《伤寒杂病论》16卷。这部医书熔理、法、方、药于一炉，开辨证论治之先河，形成了独特的我国医学思想

古籍《难经》

体系，对于推动后世医学的发展起了巨大的作用。

《伤寒杂病论》中制定了22篇、397法，立113方。从其记载的内容可以知道，我国医学早在2世纪时，经过医学家张仲景的实践和总结，已能正确使用解热药、导泻药、利尿药、催吐药、镇静药、兴奋药、健胃药、截疟药、止痢药等，其中多数方药已由后世科学证实它的疗效可靠。

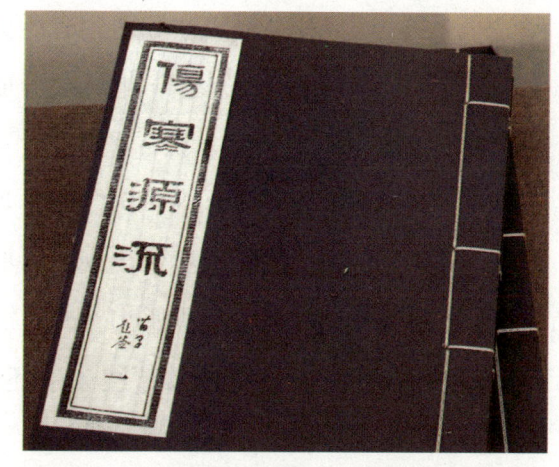

■ 《伤寒杂病论》

在《伤寒杂病论》中，张仲景还提出"舍脉从证，舍证从脉"的灵活辨证方法，在讨论治疗中要根据病情的标本缓急，运用先表后里、先里后表以及表里兼治的方法，并对治疗的禁忌，以及针灸综合疗法，都有所论述。

张仲景所确立的"辨证论治"原则，是祖国医学伟大宝库中的灿烂明珠，从而使中华民族的医学独具特色而自立于世界民族之林。

张仲景的学生王叔和曾任三国魏的太医令，他在临证实践中体会到了脉诊的重要性和复杂性，"脉理精微，其体难辨""在心易了，指下难明"，所以他选取《黄帝内经》《难经》及扁鹊、华佗、张仲景等人的有关著述，编著成《脉经》一书。

《脉经》全书共10卷。原有"手检图三十一部"，后世亡佚。本书经宋代林亿等校订后，卷数未

**太医令** 西汉太常及少府之下均设有太医令、太医丞。属太常者，为百官治病；属少府者，为宫廷治病。东汉少府属下设太医令。隋唐在太常之下设太医署，有置令和丞等职，太医令掌医疗之法，丞为助手。宋代医务机构甚多，有太常寺属下的太医局、翰林医官院、御医院等，宋徽宗时又设惠民局，广传医方及施诊。

> **脉象** 中医诊断学名词。脉动应指的形象。包括频率、节律、充盈度、通畅的情况、动势的和缓、波动的幅度等。脉象的形成，与脏腑气血关系密切，故不同的脉象可反映出脏腑气血的生理及病理变化。

变，而篇次和内容有所更动，后世有多种刊本印行。

《脉经》把脉象分成24种，即浮、芤、洪、滑、数、促、弦、紧、沉、伏、革、实、微、涩、细、软、弱、虚、散、缓、迟、结、代、动。基本上概括了临床上经常出现的一些脉象，后世脉象种数虽有增加，但基本不出其左右。

同时《脉经》中还对各种脉象做了比较形象具体、容易理解的描述，这就使学习者易于理解和掌握。王叔和可谓在脉学中做此类工作的第一人。

《脉经》集汉以前脉学之大成，总结了3世纪以前的脉学知识，并充实了新的内容，使脉学理论与方法统一化、系统化、规范化，并保存了一部分古代诊断学的文献资料。

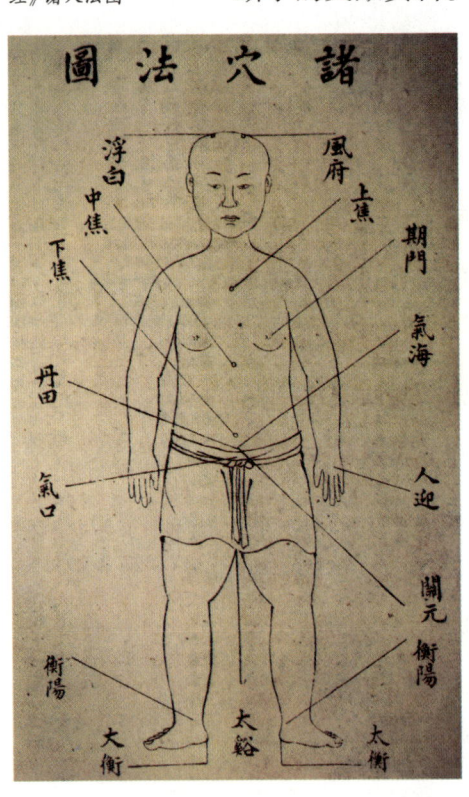

■ 古籍《针灸甲乙经》诸穴法图

三国之后的魏晋时期，西晋医学家皇甫谧搜求古典医籍，遥宗古人妙术，除著有《依诸方撰》等之外，主要有《针灸甲乙经》12卷，作为第一部针灸学专著流传后世，在我国医学史上产生了深远的影响。

《针灸甲乙经》是一部汇编性著作，它是根据《黄帝内经·素问》《针经》《明堂孔穴针灸治要》3部书的内容编纂而成的。皇甫谧认为"三部同归，文多重复，错互非一"，于是"除其重复，论其精要，至为十二卷"。主要目的则在于便于学习，便于应用。

《针灸甲乙经》的128篇内容可大致分为两大类：第一类论述人的生理功能、人体经脉、骨度、肠度及胃肠所受、俞穴主治、诊法、针道、生理病理等；第二类则为临床治疗部分，包括内、外、妇、儿各科，尤以内科为重点。

■ 葛洪画像

《针灸甲乙经》中关于针刺操作手法，从理论到具体操作要领，均做了比较具体的叙述，既具有对前代经验的总结性，又富有一定的创造性，无论从文献学价值和指导后世针灸发展都有着重大的意义。

《针灸甲乙经》的著成，对于我国针灸学的发展起到了极大的促进作用，宋、金、元、明、清重要针灸学著作基本上都是在本书的基础上来完成的。国外早已有本书的英译本，对国外针灸学的发展也有重要的影响。

继《针灸甲乙经》之后，东晋时期的葛洪编著了著名的医学著作。葛洪是江苏句容人，曾拜南海太守鲍靓为师。鲍靓精于医药和炼丹的技术，他见葛洪虚心好学，年轻有为，就把所掌握的技术毫无保留地传授给他。葛洪后来修道于茅山抱朴峰，因此自号抱朴子，隐居于广东罗浮山中，专事炼丹制药及文学著述，直至终年。

**太守** 原为战国时代郡守的尊称。西汉景帝时，郡守改称为太守，为一郡最高行政长官。历代沿置不改。南北朝时期，新增州渐多。郡之辖境缩小，郡守权力为州刺史所夺，州郡区别不大，至隋初遂存州废郡，以州刺史代郡守之任。此后太守不再是正式官名，仅用作刺史或知府的别称。

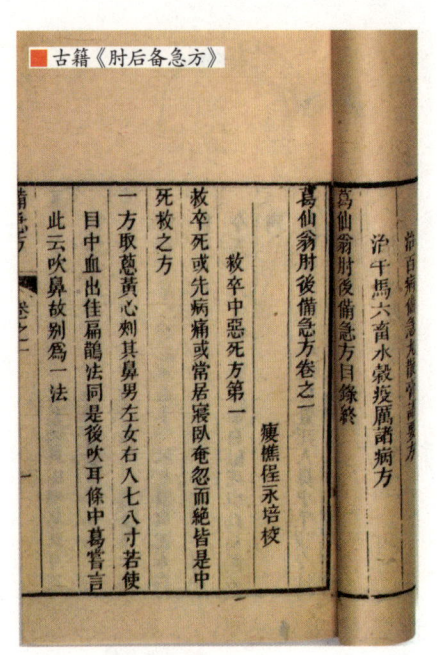

古籍《肘后备急方》

葛洪编著医书，先成《玉函方》即《金匮药方》100卷，以篇幅之宏大，为集医疗经验之大成的巨著。然而，由于《玉函方》卷帙浩繁，不便携带，率急之际，难以速寻，所以葛洪又仿前人作《备急方》的体例，采《玉函方》之要约精华，编成了《肘后救卒方》3卷，又名为《肘后备急方》。"肘后"二字，意思是可挂于臂肘，比喻其携带方便，而书名《肘后备急方》，则与后世所说的《急救手册》甚为相似。

葛洪的《肘后救卒方》为救急而作，所以其中选方务求简、验，用药亦多择易得、廉价之品，尤宜于穷乡贫户急病所用。如此全以病者为虑，精神委实可嘉。

《肘后备急方》虽然是一部手册性质的医著，但其内容总结了我国晋以来医疗发展方面许多先进成就，有的还是十分突出的。例如急性传染病的记述，包括多种流行性传染病、疟疾、痢疾、狂犬病、结核病、丹毒、恙虫病等。

《肘后备急方》在流传过程中，经南北朝时期南朝梁著名医药家陶弘景增补为《补阙肘后百一方》，后又经金代杨用道增补为《附广肘后备急方》，成为后世广为流传的本子。

《肘后备急方》共8卷，其内容主要是一些常见病症的简便疗法，包括内服方剂、外用、推拿按摩、灸法、正骨等一些十分实用的内容。这部书虽号"肘后"，却包含相当多宝贵的医学史料实用的方剂、方法，有不少医学史上的重要发明、发现，对后世的医疗实践具有重要的启示作用。

至隋代，我国医药学又有了显著的进步。隋炀帝时的著名医学家巢元方主持编撰的《诸病源候论》是标志性成果。

巢元方曾任太医博士。他与同道奉隋炀帝之诏，在前人积累的大量资料的基础上，共同编撰了一部总结疾病的病因、病理、症候的医学基础理论巨著《诸病源候论》，这是我国历史上第一部系统论述病因症候的专著。

《诸病源候论》全书共50卷，分67门，载列症候1700余条，分别论述了内、外、妇、儿、五官等各科疾病的病因病理和症候，一般并不论述疾病的治疗，但也有很少一部分疾病讨论了诊断、预后，以及导引按摩、外科手术为主的一些治疗方法和步骤。

《诸病源候论》在我国医学上所取得的成就与贡献，突破了前人的病因学说。巢元方等在病因学说方面有不少创造性见解，对有些疾病，突破了笼统的"三因"传统说法，丰富了祖国医学的病因学说。

《诸病源候论》虽然是探讨病因症候的专著，但也叙述了不少有关治疗创伤的外科手术方法和缝合理论等。这些创造性的成就，说明了我国外科

**导引** 亦作"道引"。导气令和，引体令柔的意思。是修炼者以自力引动肢体所做的俯仰屈伸运动，是以锻炼形体的一种养生术，属气功中之动功。人体应适当运动，通过运动，可以帮助消化，通利关节，促进血液循环，达到祛病延年的目的。

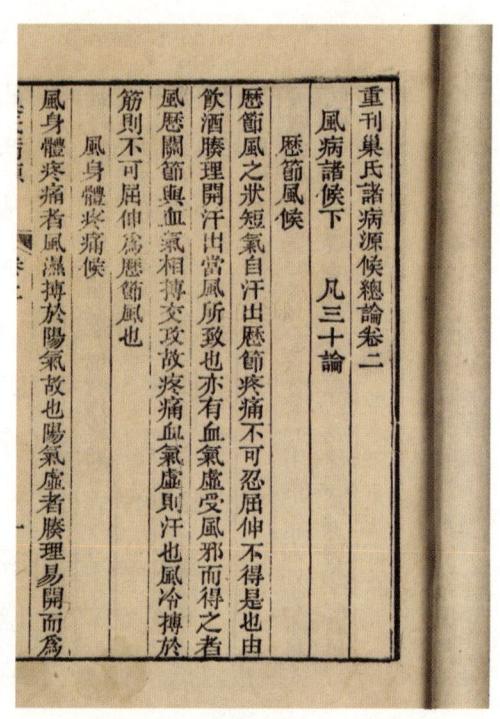

■ 重刊巢元方《诸病源候论》

■ 名医孙思邈画像

手术治疗在继承汉晋以来所取得的成就的基础上，在隋代又有了新的进步，达到了更高的水平。

到了唐代，唐京兆华原之地于581年诞生了我国历史上著名的医学家孙思邈。他自幼天资聪敏，治学精勤，善言老庄，喜好释典，通经史、知百家，是集佛、道、儒三教于一身的饱学之士。

在行医的同时，孙思邈勤奋地钻研古代名医的著作，寻求民间的治病经验，往往因为一个单方、一味药物、一种炮制方法等，不远千里虚心向人请教。因此，他的医疗技术得到了不断的提高，至此以后医名鹊起。

孙思邈鉴于古代诸家医方散乱浩博，求检至难，便博采群经，勤求古今，删裁繁复，以求简易，撰方一部，凡30卷，"以为人命至贵，有贵千金，一方济之，德逾于此"，故名曰《备急千金要方》。

《备急千金要方》约成于652年，孙思邈当时年约70岁。书成后，孙思邈仍时时感其不足，继续努力，又集30年临床经验，作《千金翼方》30卷以补《千金要方》之不足。两书合而为我国唐代最有代表性的医药学著作。

孙思邈是一位精通诸科、技术全面的临床大家，尤为重视妇科和儿科。《千金方》中先论妇人、小儿，后论成人、老者，强调妇人和小儿患病不同于

**单方** 追溯人类用药的历史，是以用单味药也就是单方用药开始的。随着人们对药物认识的不断深化和对病因病机理解的逐步提高，才逐渐将药物配伍使用。复方用药数量较多，药效较强，多用来治疗较复杂的病症。又可称为重方。

男子和成人而各具特殊性，主张妇产和小儿应独立设科。两部《千金方》中妇产科内容达7卷之多，对胎前、产后、月经不调、崩漏、带下等妇产科疾病的防治进行了系统的阐述。

到了两宋时期，由于我国印刷术的改进和造纸术的进步，给医药学书籍的大量印刷创造了良好的条件。宋代政府从全国征集到大批医药古典书籍，其中不少由于千百年辗转传抄，以及战火、虫蛀、脱简等原因，已经散乱或残缺不全了，迫切需要进行一次系统的校勘和整理。因此，宋政府采取了许多积极措施，使这一重要事业得以顺利进行，并取得了十分显著的成就。

> **简** 简牍是古代书写文字的竹片或木片。其中竹制的叫竹简或称简策，木制的叫木牍或简称牍，合称简牍。由于竹简的数量较多，有时也通称作"简"，其实是包含了木牍在内的意义。先秦简牍，多用古文、篆文，秦始皇统一中国后，通行隶书，字体变圆为方，于是公文、信函多用隶书。

971年，皇帝发布了《访医术优长者诏》以集中著名医学家；981年发布了《访求医书诏》，大量"购求医书"，并明确规定凡献书在200卷以上者，均给奖励；1026年，宋政府又下令全国，再次征集医药书籍，并令医学家、目录学家于国家图书馆内予以整理。

据《宋史·艺文志》等所收载的医药卫生保健书目达590部，3327卷之多。这些措施使国家藏书在多年战乱之后，又达到了更加丰富的水平。

982年，宋太宗赵光义下诏翰林医官院向全国征集有效医疗处方，又得到各医学家应用之效验方

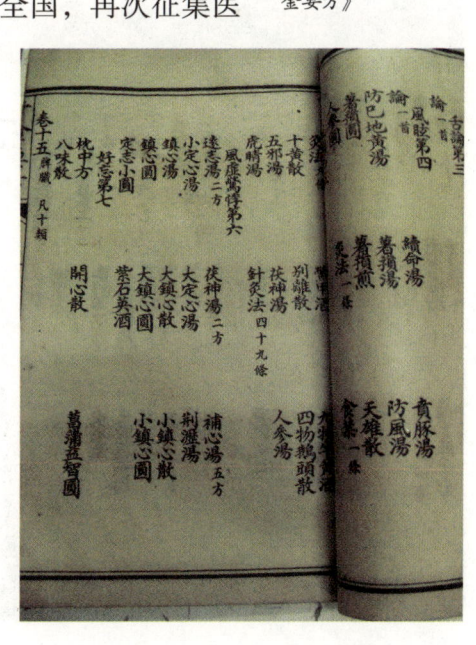
宋代医书《备急千金要方》

> **偏方** 也就是单方验方。指药味不多，对某些病症具有独特疗效的方剂。数千年来，在我国民间流传着非常丰富、简单而又疗效神奇的治疗疑难杂症的偏方、秘方、验方，方书著作也浩如烟海。偏方一般没有被正式药典所收载，但是慎用有时能取得较好的疗效。

■ 传统医书典籍

或家传效验方万余首，遂命尚药奉御王怀隐等编《太平圣惠方》。

992年，编成《太平圣惠方》100卷，宋太宗御制序文，并经政府刻本刊行。此书分为1670门，收载医方多达1.68万首，内容颇为丰富。每一门类均以《诸病源候论》的病因、病理和症候等医学理论为纲，其后附录所汇集的有效方药，是一部理论联系实际，具有理、法、方、药完整体系的医方著作，很有临床实用价值，影响极大。

《圣济总录》则是宋代最大的一部方书。它是宋徽宗时由政府组织医学家广泛征集历代方书和民间有效偏方，于1111年开始，历时7年编成的。

《圣济总录》共200卷，分为60门，载方约2万首，对前代方书几乎囊括无遗。该书每门之下分列若干证，每证之首，先论病因病理，次述治法方药，综

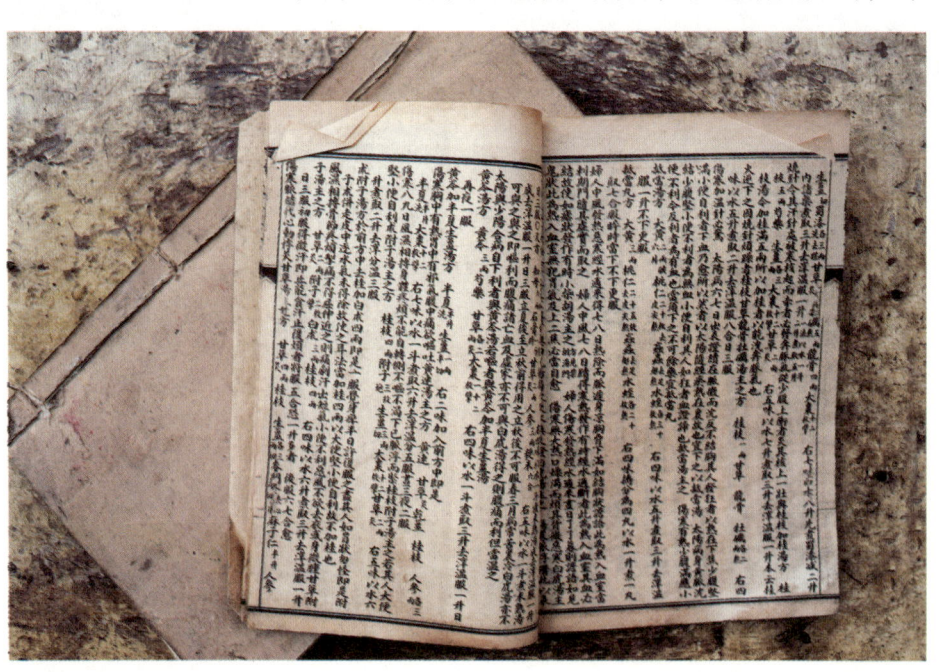

括内、外、妇、儿、五官、正骨等13科，内容极为丰富。

此外，宋代由于人体解剖学有了进一步的发展，还出现了两种解剖图谱，即吴简的《欧希范五脏图》和杨介的《存真图》，这是当时人体解剖学的标志性著作，对后世产生了很大影响。

我国金元时期，医学界产生了许多流派，在学术上争鸣，最具代表性的有刘完素、张从正、李东垣和朱震亨，被称为"金元四大家"。他们的产生与宋代医学理论和实践的丰富与革新思想有关。

刘完素一生著述较多，主要有《黄帝素问宣明论方》《素问玄机原病式》《内经运气要旨论》《伤寒直格》《伤寒标本心法类萃》《三消论》《素问药注》《医方精要》，其他托名刘完素的著作还有《习医要用直格并药方》《河间刘先生十八剂》《保童秘要》《治病心印》《刘河间医案》等。后人多把刘完素的主要著作编成《河间六书》《河间十书》等，其中或加入金元其他医家的著作。

张从正为一代名医，门人众多，其中较知名者有麻九畴、常仲明、栾企等。其主要学术思想均体现在《儒门事亲》一书中，是由其弟子麻九畴等人将其晚年多种著作整理汇编而成，全书共15卷，取名用意

■张从正画像

麻九畴（1183年~1232年），字知几，号征君，初名文纯，易州人。金代文人、医家。赐进士及第后，应翰林文字，不久谢病而去。麻九畴喜欢研究医方，与名医张从正游，尽传其学。其为文雄丽巧健，诗则精深峭刻，力追唐人。

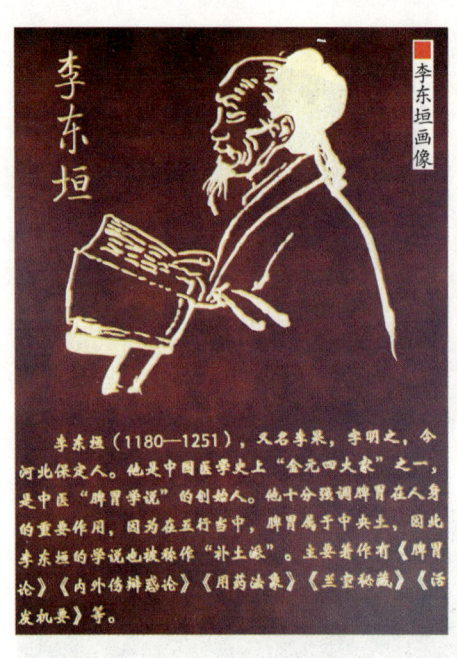

指"医家奥旨,非儒不能明",而"为人子者,不可不知医"。

李东垣,字明之,名杲,号东垣。金代真定人。他从师于张元素,并继承其易水学派,成为一代名医。著有《脾胃论》《内外伤辨惑论》《兰室秘藏》等。

在"金元四大家"中,朱震亨所出最晚。他先习儒学,后改医道,在研习《黄帝内经·素问》《难经》等经典著作的基础上,访求名医,受业于刘完素的再传弟子罗知悌,成为融诸家之长为一体的一代名医。著有《格致余论》《局方发挥》《本草衍义补注》等书。

明代医学专著颇丰,最先进行这方面著述的是朱元璋之子朱橚。朱元璋被小明王韩林儿封为吴王的1361年,他的第五个儿子朱橚诞生了。明王朝建立后,朱橚被封为吴王,封国在钱塘,即杭州。1381年改封为周王,到开封任职,以北宋的汴梁故宫为王府。

朱橚一直对我国伟大的中医药学很有兴趣,自己对各类药品、药方进行了深入细致的研究,并且在开封府组织了大批的学者和大夫,编写了一部名为《保生余录》的方书两卷。

在开封时,朱橚看到民众在灾荒年以野菜充饥,误食中毒者屡见不鲜。于是他尽平生之所学,刻意研究野生植物,还亲自带人跑遍封地境内的"山野平地","咨访野老田夫",采集实物标本,考核筛选出其中可用来充饥的植物400余种。

为了进一步观察这些植物的生长情况,他又专门在开封周王府内辟设园圃,引种野生植物,每日观察、研究、记录它们的生长情况。

为辨别某一植物是否有毒、口感是否合适，朱橚都要亲自尝一尝后才加工成食品。

最后，朱橚把可供灾荒时食用的414种植物的资料编辑成册，他还特地请画师把植物的叶、花、果、枝干绘成图，附在每种植物介绍后面。在此书中仅以往其他中药书籍没有收载的植物就达276种，最终出版刊行，书名叫作《救荒本草》。

《救荒本草》详细地记载了每种植物的名称、出产环境、形态、性味、加工烹调方法，达到了使人们可以"接图而求之"的目的。

在充分认识到植物的作用后，朱橚考虑编写医学著作。1406年，朱橚领导教授滕硕、长史刘醇等编纂的方剂学巨著《普济方》终于成书。《普济方》是我国古代中医药历史上最大的中医方剂专著，是朱橚对中医药学的一大重要贡献。

据有关资料记载和统计，《普济方》共168卷，分为1600论，收载药方6.1万首，编次条理清晰，内容丰富。自古经方，本书最为完备。资料除取之历代方书外，还兼收史传、杂说、道藏、佛典中的有关内容。

明代最为著名的医学著作是医学家李时珍的《本草纲目》。李时珍于1518年出身于一个医学世家，父亲李言闻是当地名医，父亲将自己

**长史** 我国古代官名，秦代始置。汉相国、丞相以及后汉太尉、大将军、骠骑将军、车骑将军、大司徒、大司空、将军府各有长史，丞相长史职权尤重。边郡太守也有长史，掌兵马。唐代，州刺史别驾下有长史一人，从五品。后各代王府也设长史，总管府内事务。

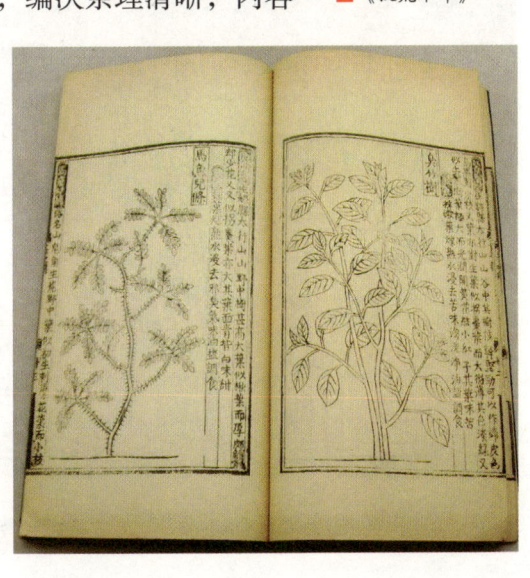

■《救荒本草》

> **训诂学** 我国传统研究古书中词义的学科，训诂学在译解古代词义的同时，也分析古代书籍中的语法、修辞现象。它从语言的角度研究古代文献，帮助人们阅读古典文献。根据文字的形体与声音，以解释文字意义，偏重于研究汉魏以前古书中的词义、语法、修辞等语文现象。

一生临床治病的经验传授给儿子。李时珍专心医药钻研，将所有精力和时间几乎都用于医药知识和相关学科的广搜博采上。他闭门读书达10年之久，因此，对史学、哲学、文字学、训诂学等，造诣甚深，尤其对药物名称、药性、药效、炮制、药物资源，均有着深入而广泛的研究。

李时珍在深入药物之研究后，又走出读书室，躬身实践，足迹遍及湖北、湖南、广东、河北、河南、江西、安徽、江苏等省。有关谷、菜、瓜、果类药物的问题，就去向农夫学习；有关各种鱼、鳞、介类药物的问题，就去向渔夫请教；有关矿石类药物中的问题，就去向手工业工人、采矿者询问；有关蛇类药物、兽类药物中的问题，他就去向捕蛇人、猎人调查，数十年如一日，直至生命的最后一息。

李时珍研究中药学数十年，参考各种图书800多种，撰成《本草纲目》52卷，集明代药物学之大成，

■ 古籍《本草纲目》

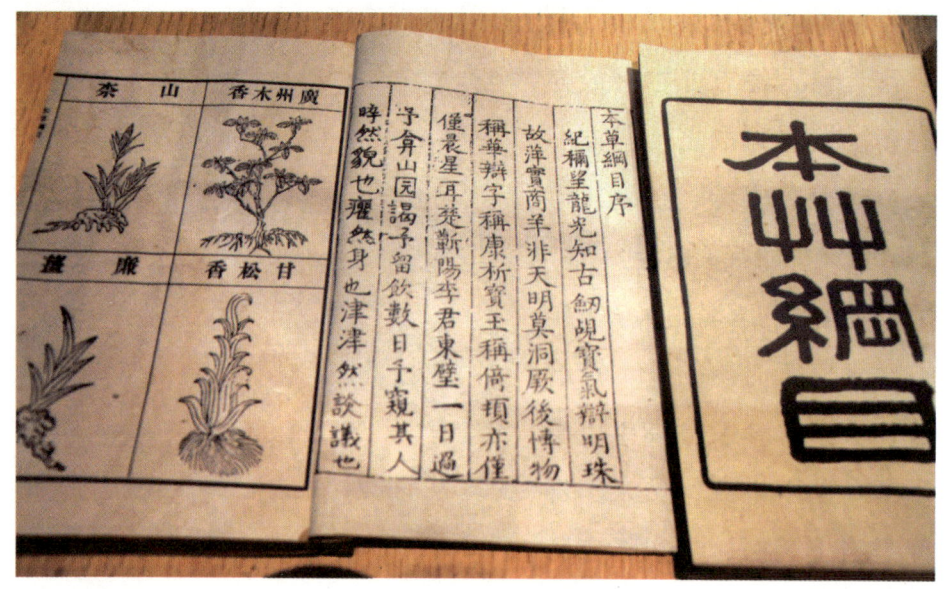

■ 古籍《本草纲目》

撰成于1578年,得当时著名文学家、南京刑部尚书王世贞作序,于1590年在南京刊行,即世之谓金陵版。

《本草纲目》52卷共收载药物1892种,绘制药物图1109幅,附方1.1万首。所收药物以其天然来源及属性为纲,分为16部;在同一部下,则以相近之类别为目,更分为60个类目,条分缕析,一目了然。

李时珍的药物分类法在前人基础上做出了创造性贡献,有着相当高的科学价值。例如,其所收之1094种植物药,是根据其根、茎、叶、花、果的特点,及其性味、形态、生长环境、习性与人类生活的关系等因素,加以综合分析、归纳比较进行区分的。

李时珍的动物药分类法尤其具有较高的科学价值。书中把444种动物药分成虫、鳞、介、禽、兽、人6部。其中虫部所记述者相当于无脊椎动物;鳞部所记述者相当于鱼类;介部所记述者有一部分爬行类和两栖类动物;禽部所记述者则相当于鸟类;兽部所记述者系指哺乳类动物;人部是指人类。

**金陵** 即南京,公元前333年,楚威王熊商于石头城筑金陵邑,金陵之名源于此。南京历史悠久,有着6000多年文明史、近2600年建城史和近500年的建都史,是我国四大古都之一,有"六朝古都""十朝都会"之称,也是中华文明的重要发祥地之一。

《瘟疫论》

李时珍认为，这样的分类排列顺序是"从贱至贵"。这个贵贱，既非药用之经济价值，也非动物体型之大小，而是指动物从简单到复杂、从低级到高级的发展过程而言。

《本草纲目》出版后，在国内广泛的影响是医药学著作罕见者之一，史称为"士大夫家有其书"并非过誉。与此同时，随着该书之东渡和西传，《本草纲目》在国外影响之大，可能是我国医药著作中之仅有者。

在诊断学方面，李时珍还撰有《濒湖脉学》一书，发展了中医诊断学。所著《奇经八脉考》一书，则是规范中医经络学说的一次有价值的努力。李时珍被誉为我国最著名的医药学家、世界著名的学者，当受之无愧。

明末清初之际，从事中医传染病学研究的著名医学家吴又可，于1642年编写了一部专著《瘟疫论》共2卷，是我国传染病史上的名著。

综观《瘟疫论》可知，吴又可著书完全不同于一般医学家之引经据典，或文献综述，或所谓千古文章一大抄之套式，而是对传染病提出了许多新见解，甚至有着改革和创新。他的一些理论认识，可以说是我国传染病学说的一个里程碑。

明代之后的温热病症，是我国内科治疗的范畴，中医内科学按其传统概念，既包括伤寒之证治，也包括一般杂病之诊断和治疗。明代是研究《伤寒论》学说的重要时期，不同学派兴起，代表人物有方有执、张遂辰、张志聪、王肯堂、李中梓等。

方有执编成《伤寒论条辨》8卷，关于伤寒之学说对清代伤寒学派之影响甚大；张遂辰、张志聪著有《张卿子伤寒论》；王肯堂广泛收集历代医药文献，结合临床经验以10年时间编著成《六科准绳》。这是一部集明朝以前医学之大成的名著，书中对各种疾病的症候和治法叙述"博而不杂，详而又要"，为历来医学家所推崇。

内科杂病在明末清初时亦甚昌盛，名家辈出，学派林立。孙一奎著有《赤水玄珠》；楼英著有《医学纲目》；而著名的内科杂病学家薛己，他的著作《内科摘要》，是我国医学史上以内科命名学科、书名之最早者。

此外，安徽祁门人汪机对医学理论问题之研究尤有卓见。他于1519年总结自己对外科学研究心得时，写成《外科理例》一书。从外科学之发展而言，或可誉之为外科理论继往开来的巨著。

1604年，外科学家申斗垣撰成《外科启玄》，他对外科鼻祖华佗的外科手术未能传世深表惋惜，故以"启玄"为其书名，旨在发掘历代外科手术疗法与医疗技术，以为民造福，对清代外科的发展有着重要影响。

《外科启玄》共12卷，卷1至卷3总论疮疡的病候、诊法及治则，共72论；卷4

> 楼英（1332年~1401年），名公爽，字全善，号全斋。生于医学世家，继承祖业，行医乡间。他在行医中，注重因人、因病、因时而异，施以药疗、理疗、针疗等法，因医术非常高超，故奏效多。他对穷苦人治病，不收分文。足迹遍及云南、贵州等地。因治病有奇效，民间尊称他为"神仙太公"。

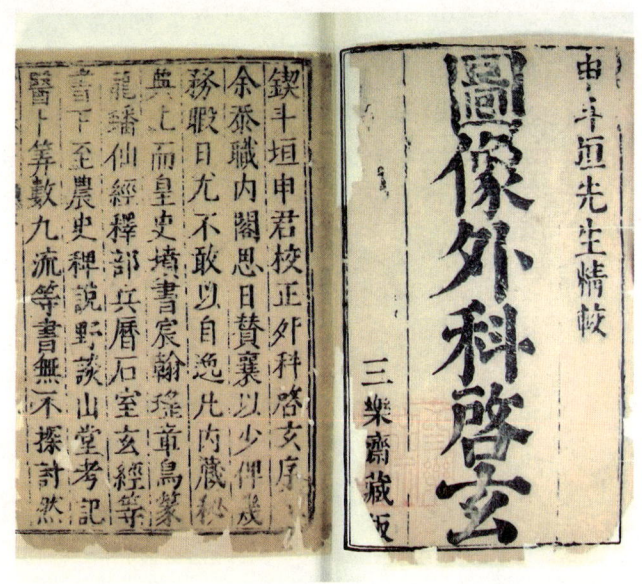

■ 申斗垣撰《图像外科启玄》

至卷9分论外科约200种疾病的证治,并绘有图形;卷10附入《痘科珍宝》1卷。卷11至卷12为治疗方剂。有4种明刻本和后世影印本。

到了清代,著名温病学奠基者叶天士著有《温热论》,为我国温病学说的发展提供了理论和辨证的基础。清代名医章虚谷高度评价《温热论》,说它不仅是后学指南,而且是弥补了张仲景书之残缺,可见其功劳很大。

1758年,也就是叶天士去世后的第12年,又一位伟大的温病学家诞生在江苏省淮阴县,他就是享誉后世的吴鞠通。

吴鞠通26岁时来到北京,参与抄写检校由皇帝下令组织编写的大型丛书《四库全书》,这使得吴鞠通有机会广泛阅览各种医学书籍。其中吴又可的《温疫论》使他深受启发,他总结了吴又可、叶天士等温病学家的学术思想,参阅历代医学文献,结合自己的实践经验,于1789年完成了他的代表作《温病条辨》。

《温病条辨》刊行之后,为医家所重,乃致翻刊重印达50余次,并有许多评注本。现在的温病学教材,取该书之说也最多。

**阅读链接**

明清时期有关内科医学的著作甚丰,其他如王肯堂的《杂病准绳》、虞天民的《医学正传》、王纶的《明医杂著》等,亦为影响深远之佳作。此外,还出现了不少内科疾病之专门著作。例如,郑全望的《瘴疟指南》、卢之颐的《痎疟论疏》、张鹤腾的《伤暑全书》、方有执的《痉书》、龚居中有关结核病专书《痰火点雪》、胡慎柔的《慎柔五书》,以及汪绮石的《理虚元鉴》等,专论寄生虫病者有周履靖的《金笥玄玄》等。许多都是很有开创性的重要专著。

清代的有关疾病专著更为丰富多彩,它标志着我国医学发展到明清时期对疾病的研究大大深入了一步。

# 开创文明的天文历法专著

天文学是人类最早发展起来的自然科学之一,我国的天文学历史悠久,成就举世瞩目。

早在夏代,我们的先祖已经很重视天象的观察,"观象授时"成为一种国政。据战国时期的史书《尚书·夏书》记载,夏代仲康时期,负责观测天象的官员羲和失职,没能及时预告日食,以至于当这次日食现象出现时,人们不知发生了什么怪异的事变,惊慌失措,乱成一团。这次日食的记录,是我国也是世界上最早的日食记录。

历法与天文学相应而

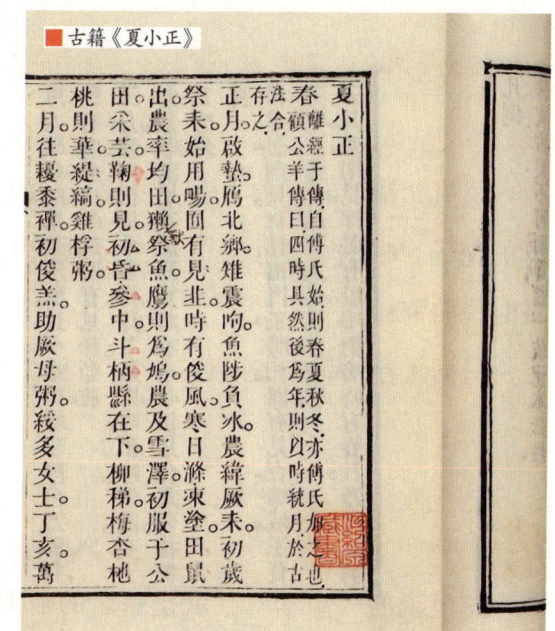

■ 古籍《夏小正》

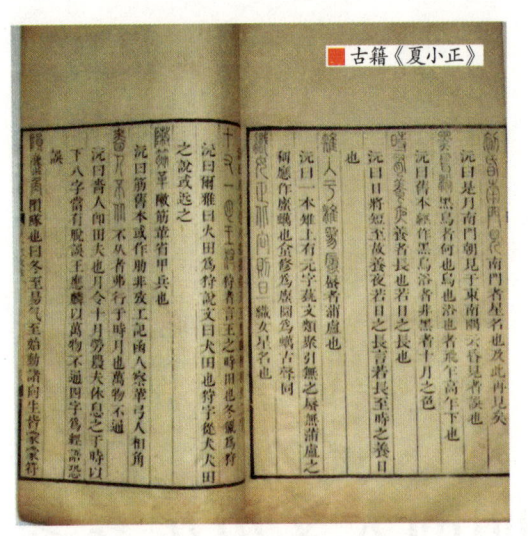

古籍《夏小正》

生。它不仅包括年、月、日、时、节气的安排，还包括日、月、行星运动，以及交食、晷影、漏刻、恒星出没、天空分区等。

我国最古老的历书相传是夏代的《夏小正》，其中记载有人们由观察天象和物候决定农时季节的知识。它原是被西汉末礼学家戴德收载于《大戴礼记》中的一篇，后来单独成册流传。

据考证，《夏小正》正文只有400多字。就天文知识来说，它按12个月的顺序记述了每月的星象，如早晨和黄昏出现在南方的星星、北斗柄的指向、银河在天空的位置、太阳到了恒星间什么地方等。

此外，《夏小正》还有每月的气象、物候以及应该做的农事和政治活动。例如：

正月，启蛰……鞠则见，初昏参中，斗柄悬在下。

这里"鞠"和"参"都是星名，"斗柄"就是北斗七星组成勺子形的把子。根据《夏小正》书中反映的天象等情况，说明我国确有更早时代的资料。

另据《春秋》一书记载：

鲁文公十四年秋七月，有星孛入于北斗。

这里说的"星孛"，就是著名的哈雷彗星，"鲁文公十四年"是公元前613年。这次彗星的记录，是我国也是世界上最早的彗星记录。

我国春秋时期的史书《左传》一书也记载：

鲁庄公七年夏四月辛卯夜，恒星不见，夜中星陨如雨。

"鲁庄公七年"是公元前687年，这次流星雨的记录，是我国也是世界上关于流星雨最早的详细可靠的记录。

春秋战国时期，随着生产的发展，天文学也有很多成就，出现了甘德和石申这样著名的取得了卓越成就的天文学家。

甘德，又称甘公，战国时期的齐国人；石申，又称石申夫或石申父，战国时期的魏国人。他们系统地观察了金、木、水、火、土五大行星的运行，初步掌握了这些行星的运行规律，记录了800个恒星的名字，其中测定了121颗恒星的方位。甘德写有《天文星占》8卷，石申写有《天文》8卷，后人把这两部著作合为一部，称《甘石星经》。

《石氏星经》是最早的一本天文星占著作，由战国时期魏国石申所著。内容涉及太阳、月亮、行星、交食、恒星、古代天文名词、

《左传》相传是春秋末年左丘明为解释孔子的《春秋》而作。它以《春秋》为本，通过记述春秋时期的具体史实来说明《春秋》的纲目，是儒家重要经典之一。西汉时称之为《左氏春秋》，东汉以后改称《春秋左氏传》。《左传》既是我国古代史学名著，也是文学名著。

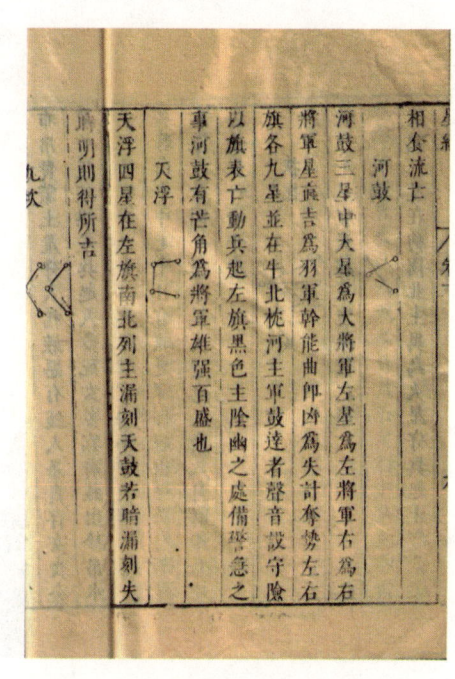

■ 古籍《石氏星经》

> **秦献公** 战国时期秦国国君，秦灵公之子。他在位时，采取了一系列的改革，其中包括废止人殉、迁都、扩大商业活动、编制户籍和推广县制，并且数次发动收复河西失地的战争，为秦孝公时期的商鞅变法奠定了基础，是秦国实现再度崛起的奠基人。

宇宙概念等多方面，尤其是恒星部分价值更高。

《甘石星经》是我国也是世界上最早的一部天文学著作，可是它在宋代以后就失传了，后世只能从唐代的天文学书籍《开元占经》里见到它的一些片断摘录。后世许多天文学家在测量日、月、行星的位置和运动时，都要用到《甘石星经》中的一些数据，因此，《甘石星经》在我国和世界天文学史上都占有重要地位。

此后，我国天文历法学不断发展、完善，出现了许多著作。自汉代起，就有完整系统的历法著作留传后世，成为研究我国天文、历法的资料宝库。

公元前366年，秦献公时的《颛顼历》是"古六历"的一种，属于阴阳历，至秦始皇一统天下后遍行。该历采用19年7闰法，一回归年为365又四分之一日，所以是一种"四分历"，以十月为岁首，闰月放在九月之后，称后九月。

西汉初年，沿用秦代的《颛顼历》，但又发现《颛顼历》有误差。公元前104年，经史学家司马迁等人提议，汉武帝下令改定历法，并责成邓平、唐都、落下闳等人议造汉历，于公元前203年历成。这一年改年号为太初并颁布实施这套汉历，因此后人称此历为《太初历》。

■ 司马迁画像

《太初历》规定一年等于365.2502日，一月等于29.53086日；以"加差法"替代之前的"减差法"，以调整时差；将原来以十月为岁首改为以正月为岁首；开始采用有利于农时的二十四节气；以没有中气的月份为闰月，调整了太阳周天与阴历纪月不相合的矛盾。这是我国历法史上一个划时代的进步。

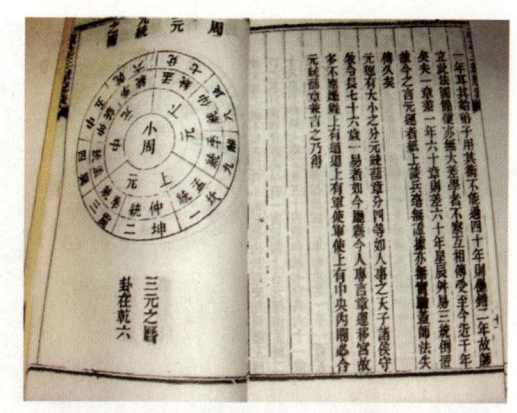

■ 古籍《三统历》

《太初历》还根据天象实测和多年来史官的记录，得出135个月的日食周期。《太初历》不仅是我国第一部比较完整的历法，也是当时世界上最先进的历法，它问世以后，一共行用了189年。

西汉时期，还有刘歆据《太初历》稍加修改而成的《三统历》，是我国历史上最早的一部完整历法，后世历法的基本内容这时大体都已具备。

《三统历》共有7节：《统母》《统术》《纪母》《纪术》《五步》《岁术》和《世经》。《统母》和《统术》主要讲日月运动的基本常数和推算方法，包括回归年、朔望月长度、一年的月数、交食周期、计算朔日和节气的方法等；《纪母》《纪术》和《五步》讲行星的基本常数和推算方法，包括五大行星的会合周期、运行动态、出没规律、预告行星位置等；《岁术》讲星岁纪年的推算方法；《世经》讲考古年代学。

《三统历》还明确规定，以无中气的月份置闰，

■ 帛书《五星占》

**司马迁**（前145年或前135年~前86年），字子长，左冯翊夏阳人。我国西汉时期伟大的史学家、文学家、思想家。他以其"究天人之际，通古今之变，成一家之言"的史识创作了我国第一部纪传体通史《史记》，此书被公认为是我国史书的典范。司马迁也被后世尊称为"史迁""太史公""历史之父"。

并选取一个"上元"作为历法的起算点。《三统历》的这些内容，对后代历法影响极大。

东汉时期，天文学家刘洪于206年著成《乾象历》，对月亮运动的研究有了新进展，首次提出月亮近地点的移动，从而算出近点月长度，并在一近点月里逐日编出月离表；首次提出黄白交角是6度；首次提出交食计算中推算食限的方法，这些都对后代历法影响很大。

《五星占》是长沙马王堆汉墓中的一份帛书，大约写于汉文帝时期，专讲五大行星运动和一些天文知识，共有9部分，8000字。书中对五大行星运动有详细的描述，成为后代历法中"步五星"工作的先驱。

《五星占》对金星、土星的会合周期定得比较准确，对公元前246年到公元前177年70年间木、土、金三星的动态有逐年的记载，这是研究古代行星问题的一份重要资料。

汉代还有两本重要的天文著作，就是《天官书》和《周髀算经》。《天官书》是司马迁《史记》中的一篇，可算是当时有关天文知识的总结。尤其是恒星部分记录了当时所认识到的全天恒星，共90多组名称，500多颗星，是关于全天恒星的最早一篇完整文献。后来许多恒星的命名都受它影响。

《天官书》内容除恒星外，还有行星、分野、日月占候、奇异天象、云气、岁星纪年、天象记录和占验等，是研究秦汉天文学乃至先秦天文学的一篇权威性文献。《史记·天官书》开创了后代史书中撰写天文志的传统。"二十四史"中有十几篇天文志，为研究我国天文学史提供了系统全面的资料。

《周髀算经》成书于西汉后期，作者不可考，是"算经十书"中的一部，名曰算书，实际上主要是一部天文学著作。

书有上、下两卷，重点了讲述当时的一种宇宙结构学说"盖天说"，详细阐述了计算天地结构、太阳视轨道大小、周天里数、北极璇玑的方法，还有圆形

**盖天说** 这是我国古代最早的一种宇宙结构学说。这一学说认为，天是圆形的，像一把张开的大伞覆盖在地上，地是方形的，像一个棋盘，还说到日月星辰像爬虫一样过往天空，因此这一学说又被称为"天圆地方说"。

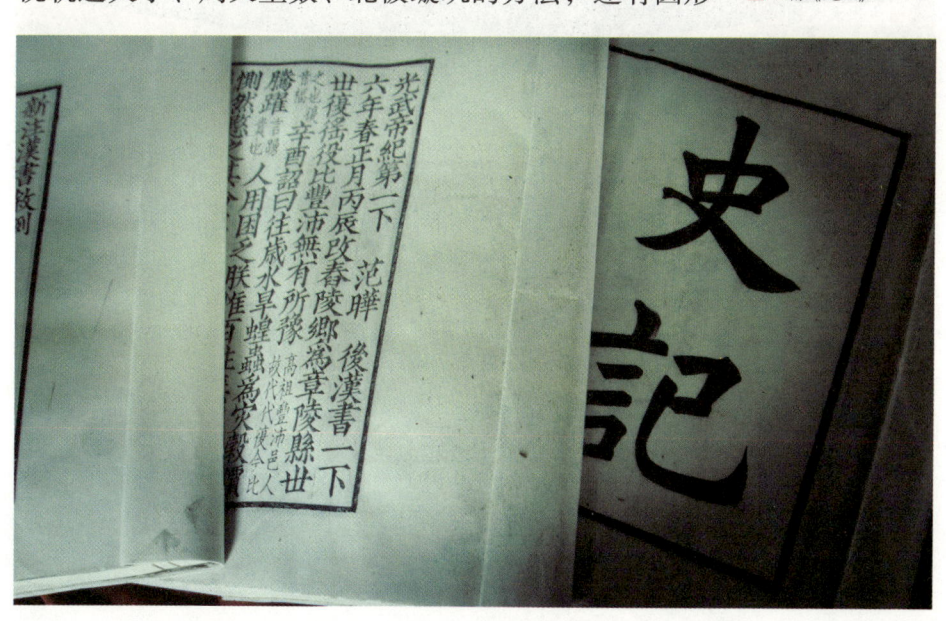

■ 古籍《史记》

盖天式星图的制作等，是有关"盖天说"的一本系统详尽的典籍。

隋代天文历法也取得了很多成就。隋文帝之子杨广征召全国的历算专家，都集中在东宫，共同商议历法的事情。刘焯也在皇太子这次征召的人员之内，这回他献上了经过几十年研究的《皇极历》。

《皇极历》考虑太阳和月亮视运动不均匀来计算日月合朔的时刻，创立了等间距二次差内插法。为了求得任意时刻的定朔改正值，又创立了任意间隔二次差内插法的公式。这在我国天文学史和数学史上都有重要地位，后代历法计算日月五星运动使用的内插法多继承《皇极历》的方法并有所发展。

唐代天文历法成就比起《皇极历》来说又是一个进步。唐玄宗于727年诏天文家僧一行作《大衍历》，后经张说和陈玄景整理成文，729年颁行，使用到751年。733年传入日本，在日本使用近百年。

《大衍历》结构严谨，条理分明，共有历术7篇，讲具体计算方法。另有历议12篇，讲历法的理论问题，是一行为《大衍历》写的论文，通称《大衍历议》。

古代天文图

《大衍历》的制定是从制造仪器开始的，经过实际观测确定基本天文数据，这是科学的方法。经过《大衍历》的制定，对太阳月亮运动不均匀现象有了正确全面的了解。通过实际观测，破除了1000年来流传的"寸差千里"的谬说。在计算方法上，《大衍历》创不等间距二次差内插法的公式，比《皇极历》的方法进步了很多。

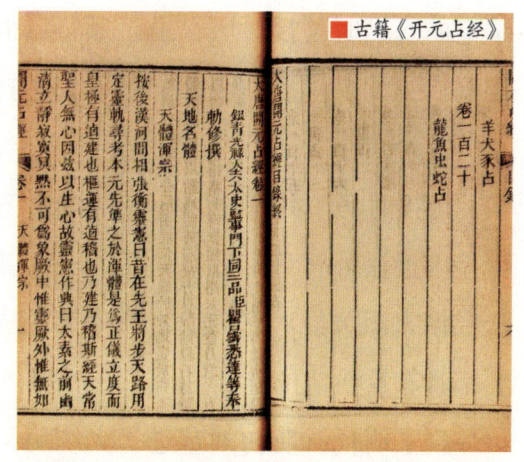
古籍《开元占经》

唐代瞿昙悉达撰的《开元占经》120卷，成书于718年到726年，所以又称《大唐开元占经》，唐以后失传。1616年，安徽歙县人程明善又在古佛像腹中偶然发现，始得再次流传至今。

《开元占经》是唐以前天文星占著作大全，它把当时能见到的古代70多种天文星占书按内容分别摘录编撰，内容涉及天文星象、气候、奇异现象等各方面。天文方面有名词解释，宇宙理论，日月行星运动，二十八宿距度，甘德、石申、巫咸三家对全天恒星名称、星数、位置的描述和占验，包括有石氏的恒星星表。

由于《开元占经》的辑录，使许多古代失传了的天文星占著作的内容得以完好的保存下来，就凭这一点，《开元占经》也是一本极有价值的书。

唐代还有一本天文星占著作《乙巳占》，是李淳风所著，其中摘编了许多早已失传的古代星占著作的片断，包括天文、气象、星占，内容也很广泛。

到了元代，郭守敬于1280年作成《授时历》，次年颁行。《元史·历志》里的《授时历经》上下篇是郭守敬在王恂初稿基础上重新编定的。当时《授时历》虽已颁行，但各种数据用表、推步算法没有定稿。王恂去世后，由郭守敬一人主持完成。他"比类编次，整齐分秒，裁为二卷"。

《授时历》共有7部分，内容相似于《大衍历》，但采用等间距三次差内插法计算日月五星位置，又用弧矢割圆术和类似球面三角的方法根据太阳黄经求它的赤经、赤纬，这两种方法在天文学史和数学史上都具有重要地位。

到了明代，明初刘基进《大统历》。至洪武年间的1384年，于南京鸡鸣山设观象台，令博士元统修历，仍以《大统》为名，而积分全袭元代《授时历》法数，前后共使用360多年，是古历法中行用最久的，也是在天文数据计算方面发展到高峰的一种历法。我国古典系统的历法到此为止，以后就有西方天文知识传入并影响到历法的编纂。

此外，明代的《观象玩占》和《崇祯历书》颇值得一提。《观象玩占》作者不可考，也是天文星占书中一本有价值的著作。透过它大量的天文现象和奇异天象的记载，可以了解历史上许多有价值的天文事件，如新星超新星的爆发、彗星的出现和分裂、流星雨的变迁、变星的光变、日食景象、黑子日珥日冕在历史年代中的变化、行星运动、地月系的变迁等，这对现代天文学的理论研究有很大的价值。

■ 徐光启（1562年~1633年），字子先，号玄扈，我国明代末年科学家、思想家、政治家、军事家，官至崇祯朝礼部尚书兼文渊阁大学士。赠太子太保、少保，谥文定。徐光启是中西文化交流的先驱之一，译有《几何原本》，还著有《农政全书》《崇祯历书》《考工记解》。

《崇祯历书》是明代末年徐光启主编的，后经李天经续成，从1629年到1634年前后共用5年时间完成。它从多方面引进欧洲古典天文学知识，内容包括天文学基本理论，三角学，几何学，天文仪器，日月和五大行星的运动、交食，全天星图，中西单位换算等。

《崇祯历书》共46种，137卷，采用第谷的太阳系结构系统，计算方法中翻译了哥白尼《天体运行论》中的许多章节，还有开普勒《论火星的运动》一书中的材料，历法计算中不用我国传统的代数学方法而改成几何学方法，这是我国天文学史和历法史上一个重要的转折。我国古代天文学体系开始向近代天文学转变。

明末未能根据《崇祯历书》来编纂民用历书，清代开始使用根据《崇祯历书》编纂的历书《时宪历》，直到清末。在《四库全书》中有100卷本的《西洋新法算书》是意大利的耶稣会传教士汤若望根据《崇祯历书》删改而成的。

徐光启夜观星象图

一六二九年，徐光启曾领修历后，经常夜登观象台，主持观测，实验多次实测的结果表明，新历法比《大统历》和《回回历》更精确得多。以"分"来预测日月食发生的时间，这是当时所能达到的最高精密度。

### 阅读链接

清代著作家、刊刻家、思想家阮元曾经撰有一部《畴人传》，是记述我国历代天算家学术活动的传记集，始作1795年，完成于1799年。

作为一本天文、数学家的传记集，《畴人传》收集了几百位天文、数学家的生平和科学业绩，是研究我国天文学的重要资料集。它同其他著作一起，系统全面地反映了我国古代天文学的成就，因此，它本身也是古代天文学成就的一部分。

# 物为我用的工艺科技著作

那是在我国战国时期的齐国,齐威王即位后,以"不飞则已,一飞冲天;不鸣则已,一鸣惊人"的精神,进行了卓有成效的变法改革。改革中的一项重要措施就是创建稷下学宫。齐威王为稷下学者提供优厚的物质与政治待遇,勉其著书立说。在稷下学者编著的众多论著中,齐国学者的《考工记》是记述当时齐国政府制定的指导、监督和考核官府手工业、工匠劳动制度的书。

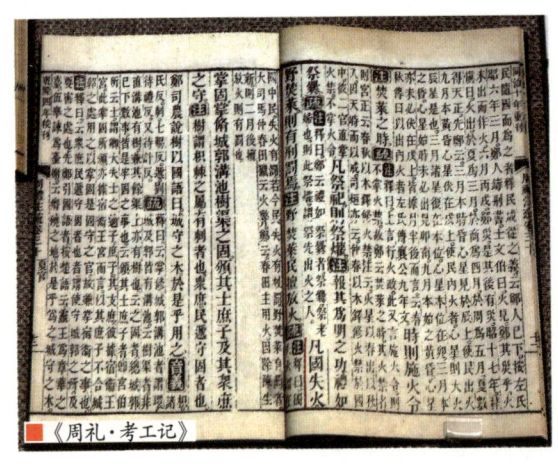

《周礼·考工记》

《考工记》曾作为《周礼》的一部分。《周礼》包括天官、地官、春官、夏官、秋官、冬官6篇,故本名《周官》,又称《周官经》。西汉成帝时,刘歆校理秘府所藏书籍,才将《周官》列入书目,但缺冬官一篇，遂以《考工记》补足，故又称《周礼·考工记》。

《考工记》开宗明义就说：

国有六职，百工与居一焉。

这一观点，一方面是说"百工"的重要性，另一方面也说明"百工"属于官府手工业。

《考工记》全书共7100余字，记述了木工、金工、皮革、染色、刮磨、陶瓷等六大类30个工种的内容，反映出当时我国所达到的科技及工艺水平。

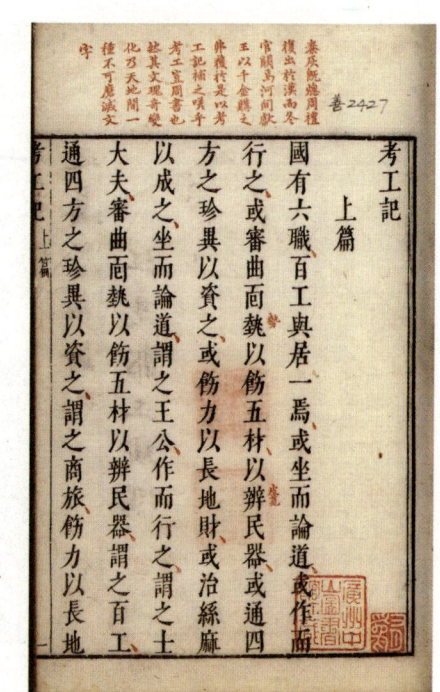

■《考工记》

此外，《考工记》还有数学、地理学、力学、声学、建筑学等多方面的知识和经验总结。这部著作记述了齐国关于手工业各个工种的设计规范和制造工艺，书中保留有先秦大量的手工业生产技术、工艺美术资料，记载了一系列的生产管理和营建制度，在一定程度上反映了当时的思想观念。

《考工记》是我国年代最早的手工业技术文献，该书在我国科技史、工艺美术史和文化史上都占有重要地位，在当时世界上也是独一无二的。因此，历代有关它的注释和研究层出不穷，其中成绩卓著的学者，早期有汉代的郑玄，中期有唐代的贾公彦，晚期有清代的戴震、程瑶田、孙诒让等。

战国时期的工艺科技成就，不仅有《考工记》所

《周礼》 我国古代关于政治经济制度的一部著作，是古代儒家主要经典之一。自郑玄作注后，与《仪礼》《礼记》并列为"三礼"。宋代列入"十三经"，遂成为我国古代的法典，其中关于经济生活方面的规定，主要在地官，其次才是天官。冬官《考工记》专记手工技艺。

展现的齐国的成就，还有当时的墨家学派在这方面的建树。墨家创始人墨翟是战国时期宋国人，他是一个制造机械的手工业者，精通木工。

墨家学派中多数是直接参加劳动的，接近自然，热心于对自然科学的研究，又有比较正确的认识论和方法论的思想，他们把自己的科学知识、言论、主张、活动等集中起来，最终汇编成《墨子》。

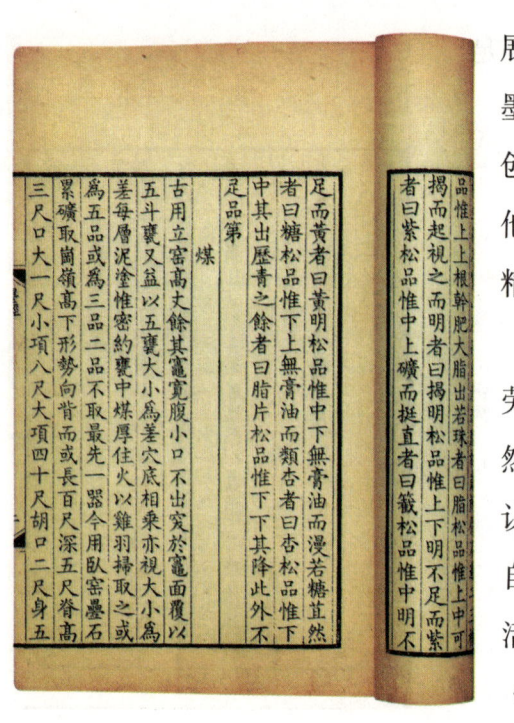
■ 古籍《墨经》

《墨子》中关于工艺考究的重要篇章是《墨经》，它包括《经上》《经下》《经上说》《经下说》《大取》《小取》共6篇。其内容在逻辑学方面所占的比例最大，自然科学次之，其中几何学的10余条，专论物理方面的约20余条，主要包括力学和几何光学方面的内容。此外，还有伦理、心理、政法、经济、建筑等方面的条文。

《墨经》中有8条论述了几何光学知识，它阐述了影、小孔成像、平面镜、凹面镜、凸面镜成像，还说明了焦距和物体成像的关系，这些比古希腊欧几里得的光学记载早百余年。

《墨经》在力学方面的论说也是古代力学的代表作。对力的定义、杠杆、滑轮、斜面及物体沉浮、平衡和重心都有论述。而且这些论述大都来自实践。

**小孔成像** 用一个带有小孔的板遮挡在屏幕与物之间，屏幕上就会形成物的倒像，人们把这样的现象叫小孔成像。前后移动中间的板，像的大小也会随之发生变化。这种现象反映了光线直线传播的性质。

战国时期以后，我国科技得到不断发展，各个时期的论著也不绝而出。至魏晋南北朝时期，科学技术有了显著进步。这一时期科学技术继承了前代的成就，在机械制造、冶炼技术等许多方面又多有创新。

如东晋道教学者、炼丹家、医学家葛洪所著《抱朴子》，分"内篇"和"外篇"，其中内篇的《金丹篇》对炼丹法有明确记载。

事实上，我国古代炼丹术就是近代化学工业的先驱。如唐代郑思远所撰的《真元妙道要略》，记载了炼丹见闻30余则，并且最早提到了火药，说明唐末我国火药已经开始用于军事。

火药又称炸药，是原料在受到适当的激发冲量后产生快速的化学反应，并放出足够的热量。显然，火药是化学产品之一。

在我国浩如烟海的古籍中，有一部素负盛名的科技著作，这就是北宋卓越的科学家沈括写的《梦溪笔谈》。此著集前代科学成就之大成，是我国古代最重要的一部科学技术著作。

《梦溪笔谈》是以笔记体裁写成的综合性科技巨著，全书30卷，609条，共十几万字。书中内容十分丰富，涉及政治、经济、文化、军事和科学技术等各个方面。其中关于科技的内容，占全

沈括（1031年~1095年），字存中，北宋科学家、政治家。精通天文、数学、物理学、化学、生物学、地理学、农学和医学；他还是卓越的工程师、出色的军事家、外交家和政治家；同时，他博学善文，对方志律历、音乐、医药、卜算等无所不精。

■ 沈括画像

**李诚**（1035年~1110年），字明仲，北宋郑州管城人。自1092年起从事宫廷营造工作，历任将作监主簿、丞、少监等，官至将作监。监掌宫室、城郭、桥梁、舟车营缮事宜。在任期间曾先后主持五王邸、辟雍、尚书省、朱雀门、太庙、钦慈太后佛寺等十余项重大工程。

■ 沈括科技巨著《梦溪笔谈》

书的三分之一，包括了数学、天文历法、气象、地质、地理、物理、化学、生物、农业、水利、建筑、医学、药物学等，汇集了我国古代主要是北宋的多种科技成就。

《梦溪笔谈》对我国科技的许多成就都有精辟的论述。例如，论述"十二气历"按立春、惊蛰、清明、立夏等12个节气定月份；一年365天，大月31天，小月30天，大小月相间，既符合天体运行的实际，又有利于农事活动的安排。

《梦溪笔谈》在我国和世界上最早提出地磁偏角的问题，它论述指南针"能指南，然常微偏东，不全南也"。《梦溪笔谈》在我国和世界上最早记录了石油的性能和用途，并第一次使用了"石油"的名称。它还曾指出石油资源丰富，"生于地中无穷"，预言"此物后必大行于世"。

在地质学方面，《梦溪笔谈》提出的用流水侵蚀作用解释地貌的观点，早于欧洲700年。尤其可贵的是，一些劳动人民在科技上的发明和贡献，像布衣毕

昇发明的活字印刷术、河工高超发明的合龙堵口的先进治水方法、民间工匠喻皓的建筑成就及其编著的《木经》、平民历算家卫朴修订历法的事迹等，都有赖于《梦溪笔谈》的详细记叙，才得以流传后世。否则，这些伟大发明家和卓越科技人才的业绩，很可能会被永远湮没了。

■ 宋应星画像

喻皓是我国北宋时期的工人建筑师，北宋初年曾当过掌管设计、施工的木工都匠，尤其擅长建筑多层的宝塔和楼阁，晚年写成《木经》3卷，这是我国历史上第一部关于木结构建筑的手册。

宋代李诫在喻皓《木经》基础上编成的《营造法式》，全书34卷，357篇，3555条。它收集了工匠讲述的各工种操作规程、技术要领及各种建筑物构件的形制、加工方法，是当时建筑设计与施工经验的集合与总结，并对后世产生了深远影响。

《营造法式》也是北宋官方颁布的一部建筑设计、施工的规范书，这是我国古代最完整的建筑技术书籍，标志着我国古代建筑已经发展到了较高阶段。

到了明末，杰出科学家宋应星编写的科技名著《天工开物》，是我国古代最重要的一部工艺百科全书。它详细记述了我国古代的农业和手工业技术，其中有不少是在当时居于世界领先地位的工艺措施和科学创见。

《天工开物》分上、中、下3卷，又细分为18个项目。书中除了介绍农业生产经验外，还记述了纺织、染色、制盐、制糖、制砖、烧瓷、造车、造船、采煤、榨油、造纸、冶铜、炼铁、军器、火药、颜料、酒曲等多种手工业生产技术。

宋应星是世界上第一个科学地论述锌和铜锌合金即黄铜的科学家。他明确指出，锌是一种新金属，并且首次记载了它的冶炼方法。这是我国古代金属冶炼史上的重要成就之一，同时使我国在很长一段时间里成为世界上唯一能大规模炼锌的国家。他记载的用金属锌代替锌化合物即炉甘石炼制黄铜的方法，是人类历史上用铜和锌两种金属直接熔融而得黄铜的最早记录。

《天工开物》中还详细说明了各种农作物和工业原料的种类、产地、生产技术和工艺装备，描述了它们内部细致的专业分工，还附有200多幅工艺流程插图，与文字互相配合。

书中对生产各种产品所需要的时间、人力、产量，生产工具的规格、尺寸、效率，各种金属的密度，合金成分的比例，火器的射程和杀伤力等，也都用具体数据加以说明。

《天工开物》为研究明朝的社会生产提供了宝贵的资料，具体生动地反映了宋应星生活的时代资本主义经济在我国开始萌芽、社会生产力和科学技术获得进一步发展的情况。西方研究者把它誉为"中国17世纪的工艺百科全书"。

## 阅读链接

墨翟是一个精通机械制造的大家，在止楚攻宋时与公输般进行的攻防演练中，已充分地体现了他在这方面的才能和造诣。他所论及的攻守器械和设施，对后世的军事活动有着很大的影响。

墨翟曾花费了3年的时间，精心研制出一种能够飞行的木鸟即风筝，成为我国古代风筝的创始人。他又是一个制造车辆的能手，可以在不到一日的时间内造出载重30石的车子。他所造的车子运行迅速又省力，且经久耐用，为当时的人们所赞赏。

娱乐大观

文娱博雅

琴棋书画，花鸟虫鱼，古称"八艺"。"八艺"一向被视为达官贵人、文人墨客、隐士逸民修身养性的雅文化。我国古人非常重视精神追求，强调琴棋书画、花鸟虫鱼对人精神的陶冶作用，并一直向往诗情画意的生活情趣，因此，历代对各种文娱活动也多有研究，并涌现出许多这方面的专著。

这些专著包括书画论著、琴棋墨砚专著、鼎彝古币考古类专著以及茶酒花鸟类著作等。形式上图文并茂，内容上丰富多彩，体现了古人丰富的精神世界与追求。

# 精辟深邃的古代书画专著

我国绘画史上第一篇系统的绘画品评专著、国画论著作，是南北朝时谢赫的《古画品录》。谢赫在书中言道：

画有六法，罕能尽该。而自古及今，各善一节。六法者何？一，气韵生动是也；二，骨法用笔是也；三，应物象形是也；四，随类赋彩是也；五，经营位置是也；六，传移模写是也。

■ 谢赫（479年~502年），我国南朝齐梁间画家，绘画理论家。善作风俗画、人物画。他的主要著作是《古画品录》，为我国最古的绘画论著。评价了3世纪至4世纪的重要画家。提出了我国绘画上的"六法"，成为后世画家、批评家、鉴赏家们所遵循的原则。

《古画品录》品评三国至齐梁画家27人，共分六品，并以品第为次序。第一品陆探微、曹不兴等5人；第二品列顾骏等3人；第三品列姚昙度、顾恺之等9人；第四品列蘧道愍等5人；第五品列刘等4人；第六品为宗炳、丁光。

顾恺之是杰出的画家，在东晋声名卓著，谢安曾推崇为"自生人以来未有也"。谢赫强调变古、创新，他将顾恺之列为第三品，反映了他的创作倾向，折射出与时而变的理论意义。

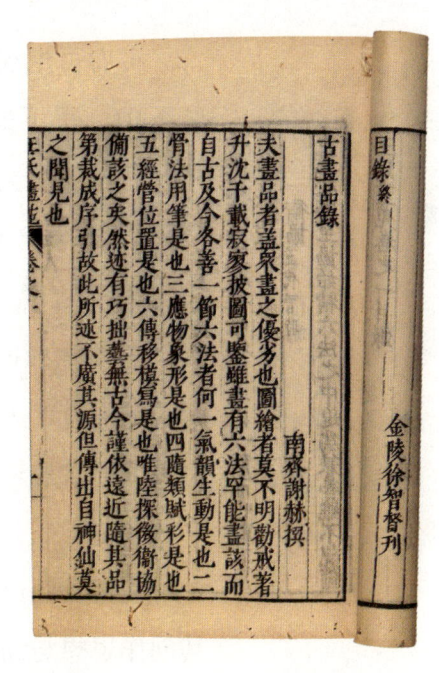

■ 古籍《古画品录》

《古画品录》对后世产生巨大影响的，是首次提出关于"六法"的理论。"六法"远承先秦以来儒家所讲的"六气""六律""六诗"，贾谊《六术》中所讲"六理""六法""六行""六美"等概念，近参刘勰《文心雕龙·知音》以"六观"论诗文优劣，使绘画理论从创作技巧到批评准则上升到自成体系的阶段。

庾肩吾是我国南朝梁代著名的书法评论家、文学家，官至度支尚书。他的《书品》，与谢赫的《古画品录》、钟嵘的《诗品》、沈约的《棋品》等，构成了这一时期的"品"文化现象，盛极一时，对以后的文艺批评有着极大影响。

其中，庾肩吾《书品》既是前人书法品评经验积累下的产物，又是"品"文化现象盛行的代表作。

**钟嵘**（约468年~约518年），字仲伟，颍川长社（今河南长葛）人，我国南朝文学批评家。曾任参军、记室一类的小官。513年以后，仿汉代"九品论人，七略裁士"的著作先例，写成诗歌评论专著《诗品》。全书以五言诗为主，将两汉至梁作家122人，分为上、中、下三品进行评论。《隋书·经籍志》称其为《诗评》。

**中书舍人** 古代官名。舍人始于先秦，本为国君、太子亲近属官，魏晋时于中书省内置中书通事舍人，掌传宣诏命。隋唐时，中书舍人在中书省掌制诰，多以有文学资望者充任。隋炀帝时曾改称内书舍人，武则天时称凤阁舍人。

庾肩吾把汉至齐梁的123位书法家按上上、上中至下中、下下的九品法论列，与曹魏时创立的一种人才选拔制度九品中正制相类似，所谓"上""中""下"源于《论语》把人分为"上智""中人""下愚"之说。

南朝姚最的《续画品》，是谢赫《画品》的续作，共录有20人。对各人所作均有简要评价，其中对谢赫的评价比较详细。

《续画品》接受了谢赫所倡"六法"，在评论萧绎时，对宫廷画家沈标、沈粲、焦宝愿等都有肯定，其创作思想与谢赫颇为接近。

《续画品》与谢赫显著不同的在于对顾恺之的评价，姚最认为顾恺之"矫然独步，终始无双"。从兼及对其他画家的评价，可知姚最在赞赏"宫体"画时，对文人画也极为欣赏，对画家的批评较为宽容。

《续画品》在理论上有一定建树。姚最强调"心师造化"，即画家要对生活积累、对反映真实予以足够重视。另外，姚最又强调了画家天才禀赋的重要意义。

到了唐代，中书舍人、吏部员外郎唐裴源于639年撰《贞观公私画史》，又名《贞观公私画录》。旨在著录古画

■《续画品》收录的古画

《贞观公私画录》中收录的名画

名目，并品评高下。将"魏晋以来，前贤遗迹所存，及品格高下，列为先后"，实际上以刘宋时陆探微为首。而书中所载多为隋代官库本，当是隋室旧藏。

从《贞观公私画录》序中可知，此书共著录298卷，壁画47处；其中隋唐官本计230卷，得之于杨素家20卷，余者为许善心、褚安福等人所进。并辨其中33卷恐非晋宋人真迹。

《贞观公私画录》于每件作品先列画名，再列作者，并注明是否已收入该目。此书堪称著录名画之祖，可据以考知贞观前名画的存世情况，为研究画史者所宝重。

唐代张彦远出身于收藏世家，他从小耳濡目染，在书画方面学到了不少知识，日积月累，练就了一双"法眼"。他自称对于"收藏鉴识，有一日之长"。

张彦远根据传家之宝，悉心研讨书学画理。他深

张彦远（815年~907年），我国唐代画家、绘画理论家。字爱宾。出身宰相世家，曾任舒州刺史、左仆射补阙、祠部员外郎、大理寺卿。家藏书法名画甚丰，精于鉴赏，擅长书画。

**翰林学士** 官名。学士始设于南北朝，唐初常以名儒学士起草诏令而无名号。至唐玄宗时，于翰林院之外别建学士院，选有文学的朝官充任翰林学士，入值内廷，批答表疏，应和文章，随时宣召撰拟文字，有"内相"之称。

刻地认识到，自古以来，有名的书画流传虽多，但许多人并没有真正认识到它们的价值，因此也没有真正发挥它们的作用。

同时，战争、动乱的破坏，足以使大量珍贵书画毁于兵火之中；至于有些人假收藏之名，行"藩身"之实，以名家之画作为加官晋爵的手段，乃至成为一时风气，这就更值得后人引以为戒了。

所有这些，张彦远认为都会给绘画艺术的发展带来极大的阻碍。为此，他萌发了编写一本记述历代画家、作品的著作的想法。他的两部著作《历代名画记》和《法书要录》分别就绘画和书法搜集了丰富的前代的材料，尤其前一书更提出了自己的见解，是对于我国古代美术科学研究工作的重要贡献。

《历代名画记》成书于847年，是张彦远盛年之力作。全书10卷，可分为3部分：一是对绘画历史发展的评述与绘画理论的阐述；二是有关鉴识收藏方面的叙述；三是原书卷4至卷10是370余名画家传记，始自传说时代，终于841年，大体按时代先后排列，或一人一传，或父子师徒合传，内容有详有略，大略包括画家姓名、籍里、事迹、擅长、享年、著述、前人评论及作品著录，并有张彦远所列的品级及所作的评论。

《法书要录》10卷，辑录了从

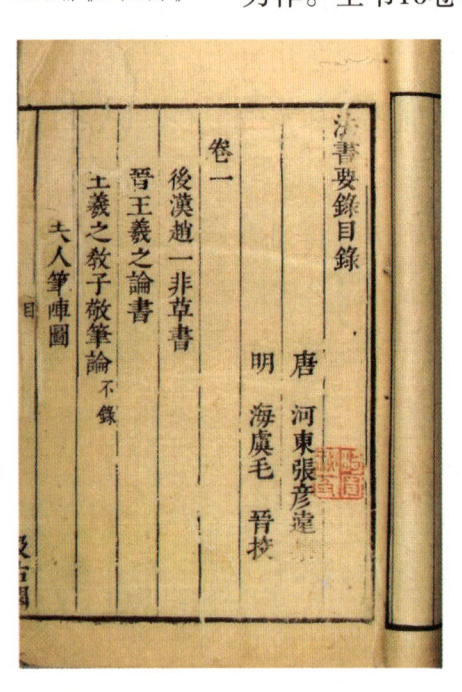

■ 古籍《法书要录》

东汉至唐元和年间的书法理论著作共39种，为传世最早的书论专集。其中34种皆具录原文；未见原书者，则存其目。

《法书要录》无论从体例，或者从内容上来看，均在我国书学史上有着相当重要的地位，尤其是其对历代名迹的收集、鉴别和保存上所做出的杰出贡献，使它成为后世书法研究者所必不可少的参考资料。

古籍《唐朝名画录》

唐宪宗时，翰林学士朱景玄酷爱画艺，多方寻访，不见者不录，见者必录，为明其善恶，别其高下，根据当时书法世家张怀瓘《书断》以神、妙、能三品论定书法家成就高下的体例，并仿效李嗣真《书后品》标出的"逸品"的办法，列于神、妙、能三品之外，再加上对所品评的画家的生平事迹和画艺特长所写的评传，著成了我国最早的一部断代画史《唐朝名画录》。

《唐朝名画录》著录唐代画家124人，以"神、妙、能、逸"四品品评诸家，其中"神、妙、能"又分上、中、下3等。其本文则各为略叙事实，据其所亲见立论，神品诸人较详、妙品诸人次之、能品诸人更略、逸品三人又较详。

《唐朝名画录》是一部关于唐代画家情况的较详记录。其资料来源，部分引自唐人有关著作，部分为作者亲自采访收集。对于时代较近画家、与作者同时画家，本书尤多记述，故在绘画史料上具有《历代名画记》不可替代的价值。

《唐朝名画录》写作态度颇为严肃，所列史料，亦大多翔实可信。在编写方法上，本书开创了以分品列传体编写断代画史的先例，对后代产生了深远影响。

随着书画理论发展的深入,唐代以后的论书之著多不拘泥于品评一体,而渐融于内容广泛、繁富的书论之中。

到了宋代,宋高宗赵构的《翰墨志》,米芾的《画史》、《宝章待访录》和《海岳名言》,以及由北宋官方主持编撰的宫廷所藏绘画作品的著录著作《宣和画谱》,都是书画理论的专著。

宋高宗的《翰墨志》亦称《评书》《高宗翰墨志》《思陵翰墨志》,原为论书25则,后存22则。古人论书,人云亦云者多,宋高宗赵构则直抒己意,多独到之处。比如,宋高宗不同意王羲之书《兰亭集序》"似有神助"之说,认为它受人重视,是因其字数最多。

再如,宋高宗不同意世俗认为石砚以有眼为贵,认为是以密理坚致、潴水发墨为优。他主张学书须先学正书,学草者亦不可不兼学正书,因正书八法皆备,不相附丽。

宋高宗于北宋举李建中、蔡襄、李时雍以及苏、黄、米、蔡"四大家",皆有褒有贬,唯对于米芾的行草极为称许,认为米芾得能书之名,似无负于海内,书中记载的米芾逸事也很多。

宋高宗本人对于"魏晋以来至六朝笔法,无不临

■米芾画像

**米芾**(1051年~1107年),初名黻,字元章。北宋著名书法家、鉴定家、画家、收藏家。北宋四大书法家之一。时人号"襄阳漫士""海岳外史",自号鹿门居士。曾被召为书画学博士,擢礼部员外郎。他的代表作品有《草书九帖》《多景楼诗帖》《珊瑚帖》《蜀素帖》等。

摹",但又专精《兰亭集序》一种,以至于"详观点画",竟然到了"成诵"的地步,凡50年间未有一日舍笔墨。

米芾是北宋书法家、画家、书画理论家。他天资高迈、人物萧散,个性怪异,好洁成癖,举止癫狂,因而人称"米癫"。宋徽宗曾诏为书画学博士,人称"米南宫"。

米芾的《画史》记录了他收藏、品鉴古画以及自己对绘画的偏好、审美情趣、创作心得等,这是研究他的绘画的最好依据。

米芾的《宝章待访录》成书于1086年秋,分为"目睹""的闻"两大部分,所录84件晋唐品,开后世著录之先河,影响颇大。甚至有专门模仿此书体例的论著,如明代张丑撰《张氏四表》。

米芾的《海岳名言》皆为他本人平时论书之语,反映出米沛的书学美学思想。

宋王朝自建国初期,即重视开展古书画搜访工作。宋徽宗时,内府收藏日趋丰富,于是将所藏历代著名画家的作品目录编撰成《宣和画谱》,以备查考。有人认为作者是宋徽宗赵佶本人,也有人认为是由蔡京、米芾所编。就书中内容和文风考察,似在宋徽宗的授意和参与下,由官方组织人力,集体编写而成。

《宣和画谱》20卷,成书于1120年。书中共收魏晋至北宋画家231人,作品总计6396件。并按画科分为道释、人物、宫室、番族、龙鱼、山水、畜兽、花鸟、墨竹、蔬果10门。每门画科前均有

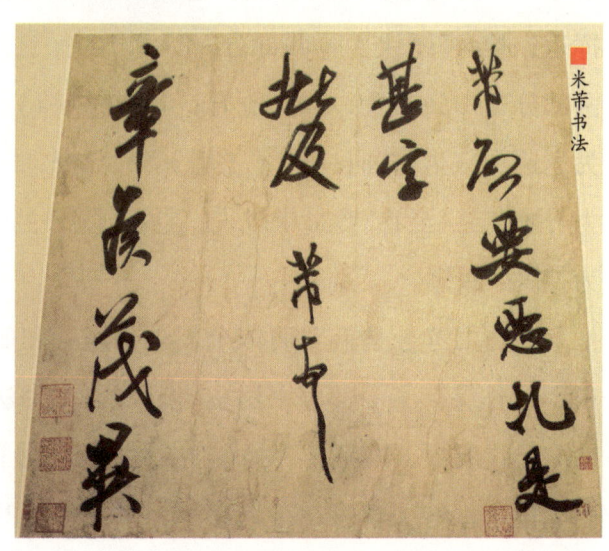

米芾书法

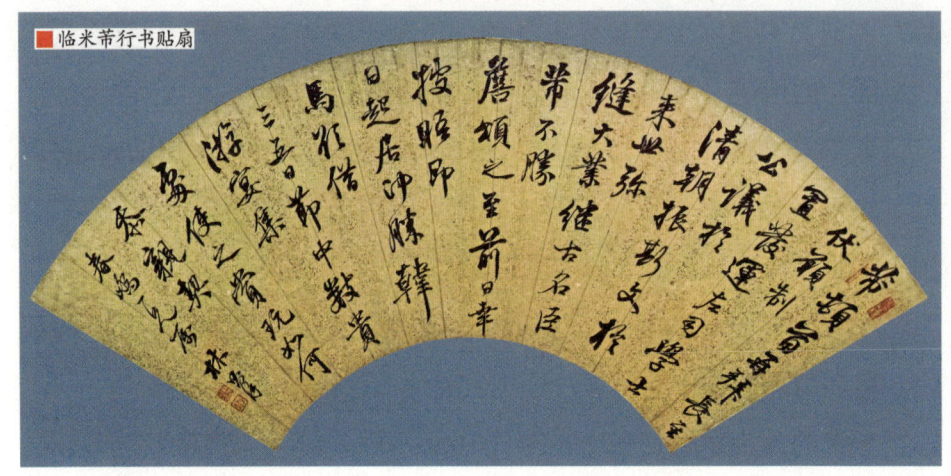

临米芾行书贴扇

短文一篇，叙述该画科的起源、发展、代表人物等，然后按时代先后排列画家小传及其作品。

《宣和画谱》不仅是宋代宫廷绘画品目的记录，而且是一部传记体的绘画通史，主张绘画的社会教育作用。虽然本书存在不少缺点，但仍是一部绘画著录方面的重要典籍，对于研究北宋及以前的绘画发展和作品流传，仍有一定的史料价值。

到了元代，有书家盛熙明编著的书法理论著作《法书考》，全书8卷：卷1《书谱》分两部分，一为集评，二为辨古；卷2《字源》分两部分，一为梵音，二为华文；卷3《笔法》分两部分，一为操笔，二为挥运；卷4《图诀》分两部分，一为图诀，二为偏旁；卷5《形势》分两部分，一为布置，二为肥脊；卷6《风神》分3部分，一为性情，二为迟速，三为方圆；卷7《工用》分3部分，一为宗学，二为临摹，三为丹墨；卷4至卷7皆采录成说；卷8《附录》分两部分，一为印章，二为押署、跋尾。

《法书考》是盛熙明依个人学书经验和摘录前人书论著述编撰而成，并且保存了一部分书法史料，对研究书法史具有一定价值。此书前有元代虞集、欧阳玄、揭傒斯3人序言，后有清代朱彝尊跋。据元代著名史学家、文学家揭傒斯序称：书成于1331年，1333年由奎章阁承制学士沙剌班进呈，藏于禁中。

明清时期，是我国品评绘画风格的时期，画品著作在宋代以后逐渐减少，明代虽有复兴，其体例却有很大的不同，虽用传统的品评术语，但是已经无意于品第高下优劣之分，而是倾向于对笔法与风格的分析与品评，其代表是《中麓画品》和《吴郡丹青志》。

《中麓画品》是以诗文、散曲闻名的李开先的品评绘画的著作，全书1卷，成书于1541年。此书品评明人绘画，与向来上、中、下三等或神、妙、能、逸四品不同，其独创五品之分，每品中并陈优劣。

《吴郡丹青志》时明代诗人王穉登所著的画史传、品评，全书1卷，成书时间约在1600年。品评记录元至明中期苏州地区的画家，分神品、妙品、能品，又有遗耆、栖旅等分别评论，各为传赞，共录画家沈周、沈贞吉、恒吉、唐寅、文徵明、仇英、黄公望、张羽等20人。提出"韵致"说，强调绘画要想"种种妙绝，出人意表"。作为当时的评语，是研究明代苏州地区绘画及画家的参考。

清代出现了对风格学研究的突破，其代表就是清代大臣黄钺的《二十四画品》；另外，"神逸能妙"从明代开始作为等级符号已处在非常次要的位置，特别是清末秦祖永的"神逸能妙"更是偏于艺术风格的论述。

黄钺在绘画艺术上经过多年的实践和探索，将自己积累的经验进行理论概括，仿照唐司空图撰写的中国古代文集名著《二十四诗品》的体例，撰成画学专著《二十四画品》一书。

《二十四画品》运用四言韵语，把各种绘画艺术风格概括为：一气韵，二神妙，三高古，四苍润，五沉雄，六冲和，七淡远，八朴拙，九超脱，十奇辟，十一纵横，十二淋漓，十三荒寒，十四清旷，十五性灵，十六圆浑，十七幽邃，十八明净，十九健拔，二十简洁，二十一精谨，二十二隽爽，二十三空灵，二十四韶秀。每品项下各有

《中麓画品》插图

四言释义一篇,每篇一韵,每韵十二句。整部著作文词典雅,清丽可诵,表现了栩栩如生的艺术形象。

黄钺深受司空图的影响,虽也不排斥沉雄、纵横、淋漓、健拔等风格,但更为推崇冲和、淡远、荒寒、清旷、幽邃、空灵等境界,这与当时文人士夫的审美趣尚是一致的。

## 阅读链接

明清时期是我国封建社会的后期,文化虽然趋于保守,但绘画领域却出现许多富有特色的流派与个性强烈的画家,各领风骚,树帜画坛。

明初崇尚宋代画风的画家遍于官廷、民间。清代画派林立,摹古、创新各行其道。清代文人画、西洋画对宫廷绘画产生了影响;随着商品经济的发展,文人还以画为生、以画泄愤,金石书法的刚健之风也融入了绘画。清代民间绘画更加世俗化、商品化。清代绘画呈现的奇变倾向,为我国近代绘画改革做好了准备。

# 寓情于生的茶酒文化专著

传说神农在尝百草的时候,有一天他发现了几棵野生大树,其叶子有清香回甘之味,索性嚼而食之。食后更觉气味清香,舌底生津,精神振奋,熬煮汁水黄绿,饮之更佳。

神农大喜,于是依照"人"在"草""木"之间而为其定名为"茶",并取其叶熬煎试服,发现确有解渴生津、提神醒脑、利尿解毒等作用。因此在百草之外,茶被认为是一种养生之妙药。

我国饮茶历史非常悠久,公元前1122年至公元前1116年,我国巴蜀地区

古代贡茶

■ 古代品茶图

就有以茶叶为"贡品"的记载。春秋战国时期所编著的我国最早的词典《尔雅》中，始有记载周公饮茶养颜保健的逸事。而孔子所开创的儒家，在我国茶文化中首先倡导了"茶礼"文化。

到了西汉时期，著名辞赋家王褒《僮约》"烹茶尽具"的约定，是关于饮茶最早的可信记载。《僮约》中有"烹茶尽具""武阳买茶"，一般都认为"烹茶""买茶"之"茶"为茶。

两晋南北朝时期，茶量渐多，有关饮茶的记载也多见于史册。茶叶逐渐商品化，茶叶的产量也增加，不再将茶视为珍贵的奢侈品了。

唐朝一统天下后，修文息武，重视农作，从而促进了茶叶生产的发展。由于国内太平、社会安定、百姓能够安居乐业，随着农业、手工业生产的发展，茶叶的生产和贸易也迅速兴盛起来，成为我国茶史上第一个高峰。

唐朝饮茶之风的兴起，促使了"茶圣"陆羽的横空出世。他认真总结、悉心研究了前人和当时茶叶的

**《尔雅》** 我国最早的一部解释词义的专著，也是第一部按照词义系统和事物分类来编纂的词典。《尔雅》的意思是接近、符合雅言，即以雅正之言解释古语词、方言词，使之近于规范。《尔雅》是我国第一部按义类编排的综合性辞书，是疏通包括五经在内的上古文献中词语古文的重要工具书。

生产经验，完成创始之作《茶经》。

《茶经》分3卷10节，约7000字。系统地总结了当时的茶叶采制和饮用经验，全面论述了有关茶叶起源、生产、饮用等各方面的问题，传播了茶业科学知识，促进了茶叶生产的发展，开我国茶道的先河。

《茶经》是我国古代非常完备的一部茶书，除茶法外，凡与茶有关的各种内容都有叙述，以后茶书皆本于此。

"茶兴于唐而盛于宋。"两宋的茶叶生产，在唐代至五代的基础上逐步发展起来，全国茶叶产区又有所扩大，各地精制的名茶繁多，茶叶产量也有了大量增加。

宋徽宗赵佶对茶进行过深入的研究，他还写成了茶叶专著《大观茶论》一书，全书共20篇，对北宋时期蒸青团茶的产地、采制、烹试、品质、斗茶风尚等

陆羽（733年~804年），字鸿渐，一名疾，字季疵，号竟陵子、桑苎翁、东冈子，又号茶山御史。以著世界第一部茶叶专著《茶经》而闻名于世，对我国茶业和世界茶业做出了卓越贡献，被誉为"茶圣"，奉为"茶仙"，祀为"茶神"。

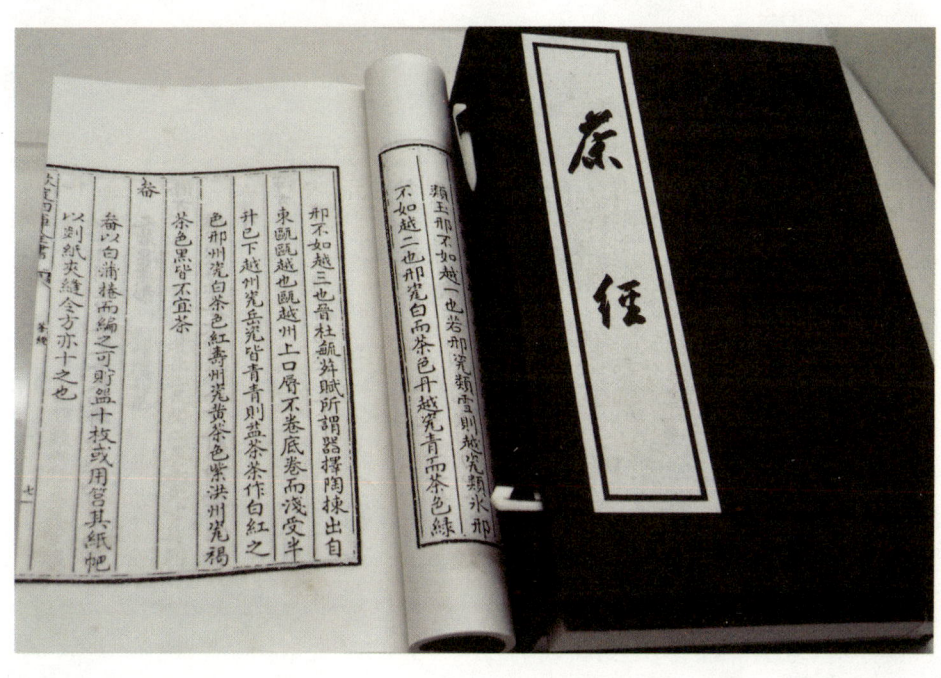

■ 古代书籍《茶经》

> **点茶** 就是把茶瓶里烧好的水注入茶盏中,是唐、宋时的一种煮茶方法。这时不再直接将茶放入釜中熟煮,而是先将饼茶碾碎,置碗中待用。以釜烧水,微沸初漾时即冲点碗中的茶。它给人带来的身心享受,能唤来无穷的回味。

均有详细记述。其中"点茶"一篇,见解精辟,论述深刻。从一个侧面反映了北宋以来我国茶业的发达程度和制茶技术的发展状况,从而也推动了饮茶之风的盛行。

宋代著名书法家蔡襄有感于陆羽《茶经》,特地向皇帝推荐北苑贡茶之作《茶录》,是继陆羽《茶经》之后最有影响的论茶专著。

《茶录》以记述茶事为基础,计上、下两篇,上篇论茶,分色、香、味、藏茶、炙茶、碾茶、罗茶、候茶、熁盏、点茶10目,主要论述茶汤品质和烹饮方法。下篇论器,分茶焙、茶笼、砧椎、茶铃、茶碾、茶罗、茶盏、茶匙、汤瓶9目。

继蔡襄《茶录》之后,论茶专著还有黄儒的《品茶要录》、熊蕃的《宣和北苑贡茶录》、宋子安的《东溪试茶录》、陆廷灿的《续茶经》、张又新的《煎茶水记》等。

■ 竹简《酒经》

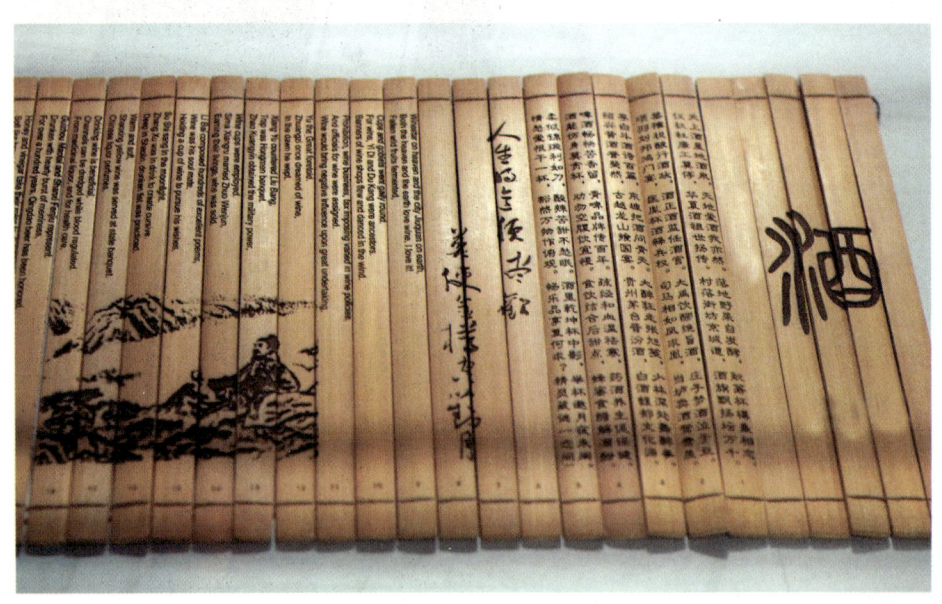

■ 古代酿酒工艺

与茶一样，我国制酒历史源远流长，在我国古书《世本》中，有"仪狄始作醪，变五味"的记载。

仪狄是夏禹时代司掌造酒的官员，相传是我国最早的酿酒人，女性。东汉许慎《说文解字》中解释"酒"字的条目中有："杜康作秫酒。"《世本》也有同样说法。更带有神话色彩的说法是"天有酒星，酒之作也，其与天地并矣"。这些传说尽管各不相同，但大致说明酿酒早在夏朝或者夏朝以前就存在了。

我国酒类品种繁多，名酒荟萃，酒与中华文化、养生保健密切相关，因此历代都有论酒专著出现。

周武王灭掉商纣后，建立了周王朝。武王死后，成王继位，因其年少，由周公旦辅佐。为了汲取商因酒败亡的历史教训，使周王朝政权更加稳固，周公曾作《酒诰》以警戒之。

随着春秋至秦汉时期生产技术的进步，酒文化也

蔡襄（1012年~1067年），字君谟，先后在宋朝中央政府担任过馆阁校勘、知谏院、直史馆、知制诰、龙图阁直学士、枢密院直学士、翰林学士、三司使、端明殿学士等职，蔡襄为人忠厚、正直，讲究信义，而且学识渊博，书艺高深，以其浑厚端庄、淳淡婉美，自成一体。

■ 竹林七贤

取得了很大发展。东汉末年的建安年间,大臣曹操将家乡亳州的"九酝春酒"以及酿造方法献给汉献帝刘协,御医认为有健身功效,自此"九酝春酒"成为历代贡品。

在魏晋时期,文人饮酒之风极盛,出现了有名的"竹林七贤",他们是晋代的7位名士,即阮籍、嵇康、山涛、刘伶、阮咸、向秀和王戎。刘伶还写了一篇著名的《酒德颂》。魏晋南北朝时出现了"曲水流觞"的习俗,把酒文化更向前推进了一步。

唐代由于疆土扩大,物质财富的增加,而粮食的储积对发展酿酒业提供了前提。再加上唐代文化繁荣,喝酒已不再是王公贵族、文人名士的特权,老百姓也普遍饮酒,酒类品种更加繁多,并由此开创了唐宋"诗酒文化",李白、杜甫等伟大诗人都颇有酒名,并且有"饮中八仙"之说。

**李白**(701年~762年),字太白,号青莲居士,唐朝诗人,有"诗仙"之称,伟大的浪漫主义诗人,为唐诗的繁荣与发展打开了新局面,其歌行体和七绝达到了后人难及的高度。李白存世诗文千余篇,代表作有《蜀道难》《将进酒》等诗篇,有《李太白集》传世。

宋代的酿酒工业，在唐代普及和发展的基础上得到了进一步的发展。上至宫廷，下至村寨，酿酒作坊，星罗棋布。

宋仁宗时期，窦苹著有《酒谱》一书，他杂取有关酒的故事、掌故、传闻计14题，包括酒的起源、酒的名称、酒的历史、名人酒事、酒的功用、性味、饮器、传说、饮酒的礼仪，关于酒的诗文等。内容丰实，多采"旧闻"，且分类排比，一目了然，可以说是对北宋以前我国酒文化的汇集。

在我国古代的一些酿酒著作中，最系统、最完整、最有实践指导意义的酿酒著作，则是北宋末期医学家朱肱的《北山酒经》，此书是对当时酿酒、饮酒的实践总结和理论概括。

《北山酒经》全书共分为上、中、下3卷。上卷为总论，论酒的发展历史；中卷论制曲；下卷记造

朱肱（1050年~1125年），字翼中，号无求子，晚号大隐翁。吴兴（今浙江湖州）人。曾任医学博士。朱肱研究伤寒最重经络，在用经络循行部位和生理特点解释伤寒传变的同时，还特别强调脉证合参以辨别病症的表里阴阳。他在鉴别诊断和治疗方面具有独到见解。

《酒名记》

酒,是我国古代较早全面、完整地论述有关酒的著述。

宋代张能臣曾著《酒名记》,收录了宋代天下酒名100多种,是我国古代记载酒名最多的书。

其中皇亲国戚家酿酒,无疑是酒中珍品。

《酒名记》中的酒名,甚为雅致,具有博大精深的文化气息。例如,后妃家的酒名有香泉酒、天醇酒、瑶池酒、瀛玉酒等;亲王家及驸马家的酒名有琼腴酒、兰芷酒、玉沥酒、金波酒、清醇酒等。

《酒名记》中还记载了很多地方名酒,如杭州竹味清、碧香,苏州木兰堂、白云泉,明州金波,湖州碧兰堂,汉州廉泉,果州香桂,银液,广州十八仙,齐州舜泉,曹州银光,登州朝霞,等等。

宋朝在京城实行官卖酒曲的政策,民间只要向官府买曲,就可以自行酿酒。所以京城里酒店林立,酒店按规模可分为数等,酒楼的等级最高,宾客可在其中寻欢作乐。《酒名记》中记载京城有名的酒店称为正店,有72处,其他酒店不可胜数。由于买酒竞争激烈,酒的质量往往是立足之本。

《酒名记》中共罗列了27种市店名酒,如丰乐楼的眉寿酒、忻乐楼的仙醪酒、和乐楼的琼浆酒、遇仙楼的玉液酒、会仙楼的玉醑酒、时楼的碧光酒、高阳店的流霞酒、清风酒、玉髓酒等。

在两宋的文献和各种文学作品中,反映酒的甚多,还有《续北山酒经》《桂海酒志》《山家清供》《山家清事》《新丰酒法》《酒尔雅》《酒小史》《酒边词》等。

《续北山酒经》，宋李保撰。该著分经、温酒法两部。在经中说：

> 大隐先生朱翼中，壮年勇退，著书酿酒，侨居西湖上而老焉。屡朝廷大兴医学，求深于道术者，为之官师，乃起公为博士。与余为同僚。明年，翼中坐书东坡诗贬达州，又明年以官祠还，未至。余一旦梦翼中……得翼中北山酒经法而读之，盖有御魑魅于烟岚，转炎荒为净土之语，与梦颇契，余甚异。乃作此诗以志之……

看来，李保对朱翼中十分尊敬与钦佩。在温酒法

**驸马** 我国古代帝王女婿的称谓。又称帝婿、主婿、国婿等，因驸马都尉而得名。汉武帝时始置驸马都尉，驸，即副。驸马都尉，掌副车之马。到三国时期，魏国的何晏，以帝婿的身份授官驸马都尉。魏晋以后，帝婿照例都加驸马都尉称号，简称驸马。以后驸马即用以称帝婿。清代称额驸。

■ 古代酿酒工艺

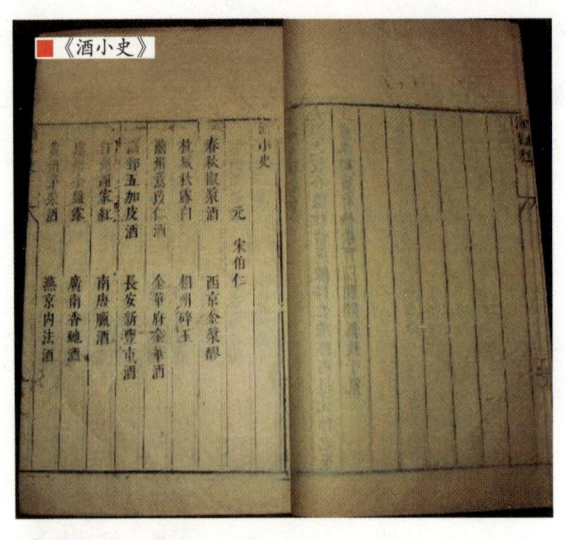

《酒小史》

中，记述了酿制各种曲和酒的方法。

《桂海酒志》，宋范成大撰。他在《桂海酒志》中说：余性不能酒，士友之饮少者，莫余若而能知酒者，亦莫余若也。顷数仁于朝游王公贵人家，未始得见名酒。使北至燕山得其宫中酒号金兰，乃大佳。燕西有金兰上汲其泉以酿，及来桂林而饮瑞露，乃尽酒之妙，声震湖广，则虽金兰之胜，未必能颉颃也。瑞露，帅司公厨酒也。经抚所前有井清洌汲以酿，遂有名。今南库中自出一泉，近年只用库井酒乃佳。古辣泉，古辣本宾横间，墟名以中泉酿酒，既熟不煮，埋之地中，日足取出。老酒，以麦曲酿酒，密封藏之可数年，士人家尤贵重。每岁腊中家家造酢，使可为卒岁计。有贵客，则设老酒，各酢以示勤，婚娶亦示老酒为厚礼。

《酒小史》，宋代宋伯仁撰。伯仁，字器之，号雪岩，广平人，一作湖州人，嘉熙时为盐运司属官。所著只记载一些酒名，共100余种，如汀州谢家红、荥阳土窟春、杨世昌蜜酒等。

**阅读链接**

唐宋是我国茶酒文化大发展时期，在唐宋的文献和文学作品中，经常会提及酒名，或以原料称之，或以色泽呼之，或以产地名之，或以制法言之，据粗略统计，有五六十种之多。特别值得提出的是，后世一些名酒，如西凤酒、五粮液、汾酒、绍兴酒、董酒等，大多可在宋代酒诗中找到，在中华酒文化发展史上，有重要的研究价值。